Contents

Bilingual: Reading Grade 3, SV 9781419099793

Features

The *Steck-Vaughn Bilingual* series is a collection of 12 engaging workbooks focusing on basic skills from reading and math. Each book provides practice and fun activities for students in prekindergarten through fourth grade. Each activity has an English and Spanish version, making this a perfect dual-language resource for learners in a variety of classroom settings.

Practice Pages

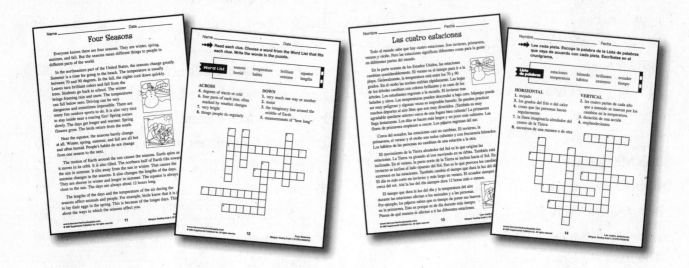

Fun Pages

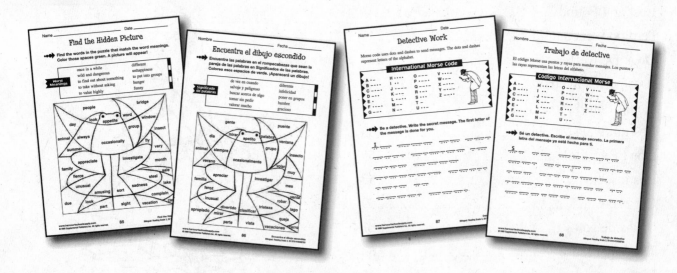

Strawberry Summer

Last summer I visited my grandparents who live on a farm in Indiana. I had never visited a farm before, and I was looking forward to learning all about it. We drove up a long, winding lane to a tall, old farmhouse. Grandfather and Grandmother came to the car and greeted me with hugs. That evening Grandmother informed me my first project would be picking strawberries. I was so excited I could scarcely sleep.

Early the next morning, Grandfather and I prepared to go to the field. From the barn, we carried heavy boxes in which to pack the strawberries for the market. Then we each chose a large tin pail and walked quietly, with pails swinging, to the edge of an endless green field.

Grandfather said with a smile, "The trick to lasting through the morning is to eat fewer strawberries than you can carry. Now I will start with this row and you start with the next row. As you pick, gently place your strawberries in the pail to prevent bruising. Remember, Emily, to pick only those berries that are red."

Well, bright red strawberries were everywhere, bursting with color! Many were hiding behind fat, green leaves, where drops of water were sparkling in the early morning sun. I picked my first strawberry and popped it into my mouth. I decided I had never tasted anything as wonderful as a farm-fresh strawberry.

We both filled our pails five times and carefully packed the strawberries for the market. As we carried the boxes to the farmhouse, I wondered what my next project would be.

Name _____   Date _____

●●◗ **Rewrite each sentence. Use a word from the Word List that has the same meaning as the underlined word or words.**

| **Word List** | prevent | scarcely | bursting | endless |
| | project | prepared | informed | bruising |

1. Grandmother <u>told</u> me what I would be doing. _____

_____

2. My first <u>thing to do</u> would be picking strawberries. _____

_____

3. I was so excited I could <u>barely</u> sleep. _____

_____

4. Grandfather and I <u>got ready</u> to go to the field. _____

_____

5. We walked to the edge of the <u>very long</u> green field. _____

_____

6. The strawberries were <u>very full</u> with color. _____

_____

7. We were gentle with the strawberries to keep them from <u>getting hurt</u>.

_____

_____

8. I could not <u>stop</u> myself from eating the first strawberry I picked! _____

_____

Un verano de fresas

El verano pasado visité a mis abuelos que viven en una granja en Indiana. Yo nunca había visitado una granja y tenía muchas ganas de aprender todo acerca de ellas. Manejamos por un largo camino, lleno de curvas, hasta llegar a una alta y vieja hacienda. Mi abuelito y mi abuelita vinieron hasta el carro y me abrazaron. Esa noche mi abuelita me informó que mi primer proyecto sería recoger fresas. Yo estaba tan emocionada que apenas pude dormir.

Temprano al día siguiente, mi abuelo y yo nos preparamos para ir al campo. Nosotros sacamos del granero unas cajas muy pesadas para empacar las fresas para llevarlas al mercado. Luego, cada uno de nosotros escogió una cubeta grande de metal y caminamos tranquilamente, meciendo nuestras cubetas, hasta la orilla de un campo verde que parecía interminable.

Mi abuelo me dijo con una sonrisa: —El truco para aguantar toda la mañana es comer menos fresas de que las que puedas cargar. Ahora, yo voy a empezar con esta hilera, y tú empieza con la que sigue. Cuando las recojas, pon tus fresas con mucho cuidado en tu cubeta para evitar que se dañen. Emily, acuérdate que vas a recoger solamente las fresas que estén rojas.

¡Pues había fresas rojas brillantes por todos lados, repletas de color! Muchas estaban escondidas detrás de unas gruesas hojas verdes, con gotas de agua que brillaban con el sol de la mañana. Recogí mi primera fresa y me la metí a la boca. Y decidí que nunca había probado nada tan delicioso como una fresa fresca de una granja.

Los dos llenamos nuestras cubetas cinco veces y con mucho cuidado las empacamos para el mercado. Cuando íbamos cargando las cajas para la hacienda, yo me preguntaba cuál sería mi siguiente proyecto.

Nombre _____ . Fecha _____

●●●▶ **Vuelve a escribir cada oración. Escoge la palabra de la Lista de palabras que tenga el mismo significado que las palabras que están subrayadas.**

| **Lista de palabras** | evitar | apenas | repletas | interminable |
| | proyecto | informó | dañaran | preparamos |

1. Mi abuelita me <u>dijo</u> lo que yo haría. _____

_____

2. Mi primer <u>trabajo por hacer</u> sería recoger fresas. _____

_____

3. Yo estaba tan emocionado que <u>casi no</u> dormí. _____

_____

4. Mi abuelo y yo nos <u>alistamos</u> para ir al campo. _____

_____

5. Nosotros caminamos a la orilla de un <u>larguísimo</u> campo verde. _____

6. Las fresas estaban <u>muy llenas</u> de color. _____

_____

7. Tuvimos mucho cuidado con las fresas para que no se <u>aplastaran</u>.

_____

8. Yo no pude <u>dejar de</u> comerme la primera fresa que recogí. _____

_____

Bilingual: Reading Grade 3, SV 9781419099793

Winter Words

One snowy afternoon, Andrew and his classmates stood staring out the window, wishing they could go outside. Mr. Kline, their new teacher, watched the students for a few minutes. Suddenly, he thought of an idea.

"What do you see falling from the sky?" Mr. Kline asked.

"Why, it's snow!" answered Andrew. "Haven't you seen snow before?" he asked curiously.

"I have seen snow, but snow is not always the same. I think we need different words to describe the different forms of snow that fall from the sky," replied Mr. Kline.

"I read that the Eskimos have many different words for snow," Andrew added. "How should we decide what to call our different forms?" he wondered.

"We can start by thinking about the beginning of the winter season. When winter begins, and it is not really cold, snow mixed with rain falls. We call it *sleet*. As the weather becomes colder, sleet freezes on the street. We could call it *slice*," suggested Mr. Kline.

"Let me try!" Andrew said eagerly. "When snow is soft and dry, it feels like powder on your nose. We could call it *snowder*!"

"That's great!" replied Mr. Kline. "Are there any more suggestions?" he asked. The students spent the rest of the afternoon making up new words for snow.

Name _____ Date _____

●●●▶ **Choose the word that best completes each sentence. Write the word on the line.**

1. Andrew and his _____ looked out the window.

   friends   classmates   teacher

2. "Haven't you seen snow before?" he asked _____.

   cautiously   foolishly   curiously

3. They thought about the beginning of the winter _____.

   season   seaside   reason

4. The class thought of words to _____ snow.

   stop   describe   decide

5. Mr. Kline says snow falls in different _____.

   directions   days   forms

6. Snow mixed with rain is called _____.

   sleet   steep   ice

7. Andrew _____ told the teacher his idea.

   angrily   eagerly   finally

8. Mr. Kline asked for more _____.

   sugar   suggestions   students

Las palabras del invierno

Una tarde que estaba nevando, Andrés y sus compañeros de clase miraban fijamente por la ventana, deseando poder ir afuera. El señor Kline, su nuevo maestro, los observó durante unos minutos. De pronto, a él se le ocurrió una idea.

—¿Qué ven ustedes que cae del cielo? —preguntó el señor Kline.

—¡Mire, es nieve! —contestó Andrés—. ¿No ha visto nieve antes? —preguntó con curiosidad.

—Yo he visto nieve, pero la nieve no es siempre igual. Yo creo que necesitamos diferentes palabras para describir las diferentes formas de nieve que caen del cielo —contestó el señor Kline.

—Yo leí que los esquimales tienen muchas palabras diferentes para la nieve —añadió Andrés—. ¿Cómo podemos decidir cómo llamar a nuestras diferentes formas? —él se preguntaba.

—Podemos empezar pensando acerca del comienzo de la estación del invierno. Cuando empieza el invierno y todavía no está muy frío, cae nieve mezclada con lluvia. A esto le llamamos aguanieve. Conforme la temperatura se hace más fría, el aguanieve se congela en las calles. A esto le podríamos llamar nievehielo —sugirió el señor Kline.

—¡Ahora sigo yo! —dijo Andrés con entusiasmo—. Cuando la nieve es suave y seca, se siente como polvo en tu nariz. ¡La podríamos llamar polnieve!

—¡Fantástico! —contestó el señor Kline—. ¿Alguien más tiene otras sugerencias? —él preguntó.

Los estudiantes pasaron el resto de la tarde inventando nuevas palabras para nieve.

●●●▶ **Escoge la palabra o palabras que completen mejor cada oración. Escríbelas en la línea.**

1. Andrés y _____ miraban por la ventana.

sus amigo   su maestro   sus compañeros de clase

2. —¿No ha visto nieve antes? —él preguntó _____.

con precaución   tontamente   con curiosidad

3. Ellos pensaron acerca del comienzo de la _____
del invierno.

estación   playa   razón

4. La clase pensó en palabras para _____ la nieve.

parar   describir   decidir

5. El señor Kline dice que la nieve cae en diferentes _____.

direcciones   formas   días

6. La nieve mezclada con lluvia se llama _____.

aguanieve   abrupto   hielo

7. Andrés le dijo a su maestro su idea _____.

con enojo   finalmente   con entusiasmo

8. El señor Kline les pidió más _____.

azúcar   sugerencias   estudiantes

Four Seasons

Everyone knows there are four seasons. They are winter, spring, summer, and fall. But the seasons mean different things to people in different parts of the world.

In the northeastern part of the United States, the seasons change greatly. Summer is a time for going to the beach. The temperature is usually between 70 and 90 degrees. In the fall, the nights cool down quickly. Leaves turn brilliant colors and fall from the trees. Students go back to school. The winter brings freezing rain and snow. The temperatures can fall below zero. Driving can be very dangerous and sometimes impossible. There are many fun outdoor sports to do. It is also very nice to stay inside near a roaring fire! Spring comes slowly. The days get longer and warmer. Spring flowers grow. The birds return from the south.

Near the equator, the seasons barely change at all. Winter, spring, summer, and fall are all hot and often humid. People's habits do not change from one season to the next.

The motion of Earth around the sun causes the seasons. Earth spins as it moves in its orbit. It is also tilted. The northern half of Earth tilts toward the sun in summer. It tilts away from the sun in winter. That causes the extreme changes in the seasons. It also changes the lengths of the days. They are shorter in winter and longer in summer. The equator is always close to the sun. The days are always about 12 hours long.

The lengths of the days and the temperature of the air during the seasons affect animals and people. For example, birds know that it is time to lay their eggs in the spring. This is because of the longer days. Think about the ways in which the seasons affect you.

Name _____ Date _____

●●●▶ **Read each clue. Choose a word from the Word List that fits each clue. Write the words in the puzzle.**

Word List

seasons	temperature	brilliant	equator
humid	habits	extreme	lengths

ACROSS

4. degrees of warm or cold
6. four parts of each year, often marked by weather changes
7. very bright
8. things people do regularly

DOWN

1. very much one way or another
2. moist
3. the imaginary line around the middle of Earth
5. measurements of "how long"

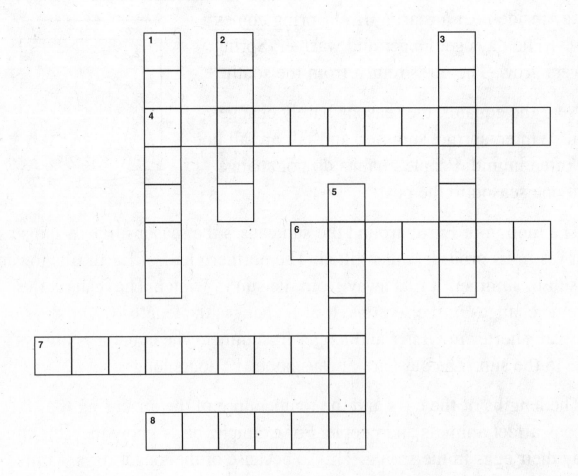

Bilingual: Reading Grade 3, SV 9781419099793

Las cuatro estaciones

Todo el mundo sabe que hay cuatro estaciones. Son invierno, primavera, verano y otoño. Pero las estaciones significan diferentes cosas para la gente en diferentes partes del mundo.

En la parte noreste de los Estados Unidos, las estaciones cambian considerablemente. El verano es el tiempo para ir a la playa. Generalmente, la temperatura está entre los 70 y 90 grados. En el otoño las noches enfrían rápidamente. Las hojas de los árboles cambian con colores brillantes y se caen de los árboles. Los estudiantes regresan a la escuela. El invierno trae heladas y nieve. Las temperaturas pueden descender a bajo cero. Manejar puede ser muy peligroso y algunas veces es imposible hacerlo. Se pueden practicar muchos deportes al aire libre que son muy divertidos. ¡También es muy agradable quedarse adentro cerca de una fogata bien caliente! La primavera llega lentamente. Los días se hacen más largos y un poco más calientes. Las flores de primavera empiezan a crecer. Los pájaros regresan del sur.

Cerca del ecuador, las estaciones casi no cambian. El invierno, la primavera, el verano y el otoño son todos calientes y con frecuencia húmedos. Los hábitos de las personas no cambian de una estación a la otra.

El movimiento de la Tierra alrededor del Sol es lo que origina las estaciones. La Tierra va girando al irse moviendo en su órbita. También está inclinada. En el verano, la parte norte de la Tierra se inclina hacia el Sol. En el invierno se inclina al lado opuesto del Sol. Eso es lo que provoca los cambios extremos en las estaciones. También cambia el tiempo que dura la luz del día. El día es más corto en invierno y más largo en verano. El ecuador siempre está cerca del sol. Ahí la luz del día siempre dura 12 horas más o menos.

El tiempo que dura la luz del día y la temperatura del aire durante las estaciones afectan a los animales y a las personas. Por ejemplo, los pájaros saben que es tiempo de poner sus huevos en la primavera. Esto es porque es de día durante más tiempo. Piensa de qué manera te afectan a ti las diferentes estaciones.

Las cuatro estaciones
Bilingual: Reading Grade 3, SV 9781419099793

●●●▶ **Lee cada pista. Escoge la palabra de la Lista de palabras que vaya de acuerdo con cada pista. Escríbelas en el crucigrama.**

Lista de palabras

| estaciones | húmedo | brillantes | ecuador |
| temperatura | hábitos | extremos | tiempo |

HORIZONTAL

1. mojado
5. los grados del frío o del calor
6. cosas que las personas hacen regularmente
7. la línea imaginaria alrededor del centro de la Tierra
8. excesivos de una manera o de otra

VERTICAL

2. las cuatro partes de cada año que a menudo se marcan por los cambios en la temperatura.
3. duración de una acción
4. resplandecientes

Las cuatro estaciones
Bilingual: Reading Grade 3, SV 9781419099793

A Bear Scare

Beaver talked his friend Skunk into going camping in the woods.
Beaver had camped many times, but this would be Skunk's first camping
trip. Beaver was an expert camper and told Skunk that he would set up
their campsite.

Skunk tried to help, but he could not find anything that he could do
right. Beaver cut down trees for shelter and for firewood. Then Skunk
knocked over the stack of firewood. They went to catch fish for dinner, and
Beaver caught a fish. Skunk only caught an old tin can. Skunk decided he
was a terrible camper and wanted to stay for only one night.

During the night, Beaver and Skunk woke up when they heard a loud
noise. A fierce growl came from the bushes near the shelter. Beaver was
terribly frightened. Skunk told Beaver not to worry and crawled out of the
shelter. Skunk carefully walked toward the noise.

"Who is there?" asked Skunk.

"GROWL!" something answered.

Skunk quickly turned and sprayed the
bushes with his horrible-smelling spray.
Suddenly their friend Bear came out of
the bushes coughing. Beaver and Skunk
scolded Bear for scaring them. Beaver
invited Skunk to go camping with him
on every camping trip.

Skunk was pleased. "I might be a good
camper after all," Skunk thought to himself
as he fell asleep.

Name _____ Date _____

●●● ▶ **Circle the letter next to the best answer.**

1. Who goes on his first camping trip?
   A Beaver
   B Skunk
   C Bear
   D Skunk's friend

2. Why does Skunk dislike camping?
   A He cannot do anything right.
   B Beaver does everything.
   C It is scary.
   D Skunk becomes homesick.

3. Who makes the noise that wakes Skunk and Beaver?
   A Skunk
   B Beaver
   C the wind
   D Bear

4. What does Beaver think about Skunk?
   A Skunk is very brave.
   B Skunk is a bad camper.
   C Skunk is not brave.
   D Skunk knows how to fish.

5. What does Skunk think at the end of the story?
   A He wants to go mountain climbing.
   B He is a good camper.
   C He is afraid of bear.
   D He wants to build a cabin.

A Bear Scare
Bilingual: Reading Grade 3, SV 9781419099793

Nombre _____ Fecha _____

El susto con el oso

El castor convenció a su amigo el zorrillo de ir a acampar al bosque. El castor ya había acampado muchas veces, pero esta sería la primera vez que el zorrillo acamparía. El castor era un experto acampando y le dijo al zorrillo que él arreglaría el campamento.

El zorrillo intentó ayudar, pero todo le salía mal a él. El castor cortó árboles para hacer un albergue y una fogata. El zorrillo derribó el montón de leña. Ellos fueron a pescar para la cena y el castor agarró un pez. El zorrillo sólo agarró una lata vieja. El zorrillo decidió que como era tan malo para acampar, sólo se quedaría una noche.

Durante la noche, el castor y el zorrillo despertaron cuando escucharon un fuerte ruido. Un feroz gruñido se oía por los arbustos cerca del albergue. El castor estaba tremendamente asustado. El zorrillo le dijo al castor que no se preocupara y salió gateando del albergue. El zorrillo caminó cuidadosamente hacia el ruido.

—¿Quién está ahí? —preguntó el zorrillo.

—¡GRRRRRR! —algo contestó.

El zorrillo inmediatamente se volteó y roció a los arbustos con su apestoso líquido. De repente su amigo el oso salió de los arbustos tosiendo. El castor y el zorrillo regañaron al oso por haberlos asustado. El castor invitó al zorrillo a que fuera con él en cada uno de sus campamentos.

El zorrillo estaba contento. —Después de todo, si puedo ser un buen campista —pensó el zorrillo mientras se quedaba dormido.

Bilingual: Reading Grade 3, SV 9781419099793

●●●▶ Encierra en un círculo la letra junto a la mejor respuesta.

1. ¿Quién va a acampar por primera vez?
   A el castor
   B el zorrillo
   C el oso
   D el amigo del zorrillo

2. ¿Por qué no le gusta acampar al zorrillo?
   A Todo le sale mal a él.
   B El castor hace todo.
   C Es espantoso.
   D El zorrillo extraña su casa.

3. ¿Quién hace el ruido que despierta al zorrillo y al castor?
   A el zorrillo
   B el castor
   C el viento
   D el oso

4. ¿Qué piensa el castor del zorrillo?
   A El zorrillo es muy valiente.
   B El zorrillo es malo para acampar.
   C El zorrillo no es valiente.
   D El zorrillo sabe pescar.

5. ¿Qué piensa el zorrillo al fin de la historia?
   A Quiere ir a escalar una montaña.
   B Es un buen campista.
   C Le tiene miedo al oso.
   D Quiere construir una cabaña.

Trading Places

A little bird sat on the windowsill. He looked longingly into the house at a bird in its cage. The cage seemed to be such a pleasant place. It had a swing for exercise, a round reflecting mirror, and a little bell that made a sweet sound. There was always water in one dish and food and treats in another. The little bird thought it looked like a wonderful place to live.

Meanwhile, the bird in its cage looked at the world outside his window. He wondered what it would be like to fly free in the sky and land wherever he wanted. He wished he could see what lay beyond his neat backyard and the fence that surrounded it. His people were kind, but he couldn't help feeling the urge to fly out the window and be free.

One day, the people left both the window and the cage door open. The caged bird decided this was his chance. He quickly flew out the window and into the world beyond. At the same time, the free bird flew from the windowsill into the cage. At first, both birds were thrilled. But soon the house bird missed his cage. It was frightening outside! He wasn't sure where to look for food. Besides, the worms and bugs that the other birds were eating almost ruined his appetite! The outside bird felt trapped in the cage. His heart began to beat wildly. All he could think about was getting back outside!

At the first opportunity, both birds returned to their old ways. Now the caged bird looked at the world with new eyes. It was beautiful, but he was happy to look from his perch in the cage. As for the outside bird, he no longer wished to be in the cage. He could hardly believe that he had almost given up his precious freedom for that little space!

Name _____ Date _____

●●●▶ **Rewrite each sentence. Use a word from the Word List that has the same meaning as the underlined word or words.**

 Word List

freedom	opportunity	reflecting	longingly
pleasant	precious	appetite	urge

1. The bird on the windowsill looked <u>with longing</u> at the cage in the house.

_____

2. The cage looked like a <u>nice</u> place to live. _____

_____

3. The cage had a <u>showing back a picture</u> mirror. _____

_____

4. The caged bird had the <u>strong wish</u> to go outside. _____

_____

5. The birds traded places at the first <u>chance</u>. _____

_____

6. The house bird's <u>hunger</u> was ruined when he saw what the other

birds ate. _____

_____

7. The caged bird knew that his home was <u>dear</u> to him. _____

_____

8. The outside bird loved his <u>choice to go wherever he wanted</u>. _____

_____

El intercambio

Un pequeño pájaro se sentó en el borde de una ventana. Él miraba con ansia a un pájaro que estaba en una jaula adentro de la casa. La jaula parecía ser un lugar tan agradable. Tenía un columpio para hacer ejercicio, un espejo redondo para reflejarse y una pequeña campana que hacía un dulce sonido. Siempre había agua en un plato y comida y bocadillos en otro plato. El pequeño pájaro pensaba que ese lugar parecía maravilloso para vivir.

Mientras tanto, el pájaro en la jaula miraba al mundo fuera de su ventana. Él se preguntaba cómo sería volar libremente por el cielo y posar en cualquier lugar que él quisiera. Él deseaba poder ver qué había más allá de su lindo jardín y la cerca que lo rodeaba. Sus dueños eran amables, pero él no podía evitar sentir esas ganas de volar afuera de la ventana y ser libre.

Un día, las personas dejaron abierta la ventana y la puerta de la jaula. El pájaro en la jaula decidió que ésta era su oportunidad. Él rápidamente voló fuera de la ventana hacia el mundo que había más allá. Al mismo tiempo, el pájaro que estaba en libertad voló desde la ventana a la jaula. Al principio, los dos pájaros estaban emocionados. Pero muy pronto, el pájaro de la casa extrañaba su jaula. ¡Le daba miedo afuera! Él no sabía dónde buscar comida. Además, las lombrices y los insectos que comían los otros pájaros ¡casi le quitaban el apetito! El pájaro de afuera se sentía atrapado en la jaula. Su corazón empezó a latir descontroladamente. ¡Lo único en que podía pensar era volver afuera!

En la primera oportunidad que hubo, los dos pájaros regresaron a sus viejos lugares. Ahora el pájaro de la jaula miraba al mundo de manera diferente. Era hermoso allá, pero él estaba feliz de mirar desde el columpio de su jaula. El pájaro de afuera ya no deseaba estar en la jaula. Él no podía creer que por poco él cambiaba ¡su preciosa libertad por ese espacio tan pequeño!

Nombre _____ Fecha _____

 Vuelve a escribir cada oración. Escoge la palabra de la Lista de palabras que tenga el mismo significado que las palabras que están subrayadas.

Lista de palabras	libertad	apetito	reflejarse	ansia
	agradable	valiosa	oportunidad	ganas

1. El pájaro al borde de la ventana miraba con <u>deseo</u> la jaula en la casa.

_____

_____

2. La jaula parecía un <u>buen</u> lugar para vivir. _____

_____

3. La jaula tenía un espejo para <u>devolver la imagen de un objeto</u>. _____

_____

4. El pájaro enjaulado tenía <u>un impulso</u> de ir afuera. _____

_____

5. Los pájaros intercambiaron sus lugares en la primera <u>posibilidad</u> que tuvieron.

_____

6. Al pájaro de la casa se le quitó el <u>hambre</u> cuando vio lo que comían los

otros pájaros. _____

_____

7. El pájaro de la jaula supo que su casa era <u>muy querida</u> para él. _____

_____

8. El pájaro de afuera amaba su <u>opción de poder ir a donde él quisiera</u>.

_____

Too Many Rabbits!

Wendy had rabbits in a hutch behind her house. She had named them Lester, Louie, and Larry. She loved to visit the rabbits, and she took good care of them. One morning Wendy went out to feed her rabbits. She could not find Louie. She looked carefully into a dark corner of the shelter. She saw something very surprising! Louie had babies! Wendy was excited about the babies. She had thought that her rabbits were all male rabbits. She decided to change Louie's name to Louise.

Wendy kept a careful eye on Louise and her babies. Wendy's father helped her build a new hutch. Now a wire wall separated Louise from Lester and Larry. Wendy wanted to protect the five babies. A few days later, Wendy had a new surprise. Lester had babies, too! Now Wendy knew she had two female rabbits and one male! She changed Lester's name to Leslie. She put her in with Louise. Suddenly she had three grown rabbits and nine babies. Her parents said it was too many rabbits!

Wendy put up a sign at school to advertise the baby rabbits. *Free Baby Rabbits*, it said. Very quickly, four students were interested in her rabbits. Jeannie wanted one. Rob and Tyra each wanted two. Junie wanted three. Wendy's parents said she could keep one. Wendy's rabbit troubles were solved!

Bilingual: Reading Grade 3, SV 9781419099793

Name _____ Date _____

●●●▶ **Read each clue. Choose a word from the Word List that fits each clue. Write the words in the puzzle.**

Word List

shelter	female	protect	separated
hutch	solved	male	advertise

ACROSS

3. mother rabbit

7. kept apart

8. keep safe

DOWN

1. father rabbit

2. found the answer

4. to tell people about something, usually to sell something

5. a safe place out of the weather

6. a rabbit house

Too Many Rabbits!
Bilingual: Reading Grade 3, SV 9781419099793

¡Demasiados conejos!

Wendy tenía conejos en una conejera atrás de su casa. Ella les puso los nombres de Lester, Louie y Larry. A ella le encantaba visitar a los conejos, y los cuidaba muy bien. Una mañana Wendy fue a darles de comer a sus conejos. Ella no podía encontrar a Louie. Miró con atención hacia el rincón del albergue que era un poco oscuro. ¡Ella vio algo que la sorprendió mucho! ¡Louie había tenido bebés! Wendy estaba emocionada con los bebés. Ella creía que todos sus conejos eran machos. Ella decidió cambiarle de nombre a Louie por Louise.

Wendy tenía especial cuidado con Louise y sus bebés. El papá de Wendy la ayudó a construir una conejera nueva. Ahora había una pared de alambre que separaba a Louise de Lester y Larry. Wendy quería proteger a los cinco bebés. Unos días después, Wendy se llevó otra sorpresa. ¡Lester había tenido bebés también! ¡Ahora Wendy sabía que tenía dos hembras y un macho! Ella le cambió el nombre a Lester por Leslie. Ella la puso con Louise. De repente ella tenía tres conejos grandes y nueve chiquitos. Sus papás dijeron que eran ¡demasiados conejos!

Wendy puso un letrero en la escuela para anunciar a los conejitos. Este decía: "Conejitos gratis". Inmediatamente, cuatro estudiantes se interesaron en sus conejitos. Jeannie quería uno. Rob y Tyra querían dos cada uno. Junie quería tres. Los papás de Wendy le dijeron que ella se podía quedar con uno. ¡A Wendy se le resolvió el problema de los conejos!

Nombre _____ Fecha _____

●●●▶ **Lee cada pista. Escoge la palabra de la Lista de palabras que vaya de acuerdo con cada pista. Escríbelas en el crucigrama.**

Lista de palabras

albergue	hembra	proteger	separaba
conejera	resolvió	macho	anunciar

HORIZONTAL
1. la mamá coneja
4. papá conejo
6. mantenía apartados
7. la casa del conejo
8. un lugar seguro para protegerse del clima

VERTICAL
2. decirles a las personas acerca de algo, por lo general para vender algo
3. encontró la solución
5. mantener seguros

¡Demasiados conejos!
Bilingual: Reading Grade 3, SV 9781419099793

Name Game

The Syms children had always wanted a dog. They asked their parents several times, and their parents told the children that a dog would need good care. The children promised their parents that they would take good care of a dog by themselves. Since there were five of them, the children were sure that this would not be a problem. Finally, the parents took the family to the animal shelter, and they chose a furry, white dog.

Now the children had to choose a name that everyone liked. Tim, the oldest, thought *Neptune* was a good name. Irene suggested the name *Sport*. Grace wanted to call the dog *Button*. Edward thought that *Button* was silly; he liked the name *Scout*. Rachel, the youngest, wanted to name the dog *Spice*.

Then Tim came up with an idea. "Let's use the first letter of each of our own names to name the dog," he said.

"I will agree if we start with the youngest and end with the oldest," said Rachel.

"*R-E-G-I-T*," said Irene. "That's not a name!"

"No, it isn't, but the letters *T-I-G-E-R* spell a name," said Grace.

The children agreed that *Tiger* would be a good name for the dog.

Bilingual: Reading Grade 3, SV 9781419099793

Name _____ Date _____

●●◗ **Circle the letter next to the best answer.**

1. What do the parents say about having a dog?
   A They cannot find one they like.
   B A dog needs good care.
   C They do not know where to find a dog.
   D They do not know where to keep the dog.

2. What problem do the children have, once they find a dog?
   A how to take the dog home
   B how to choose a name for the dog
   C deciding whom the dog belongs to
   D learning what kind of dog they have chosen

3. Tim comes up with the idea of—
   A pulling names out of a hat.
   B letting the youngest family member name the dog.
   C using letters from all of their names.
   D not naming the dog.

4. The children finally decide on the name—
   A Button.
   B Sport.
   C Regit.
   D Tiger.

5. Why is agreeing on a name important to the children?
   A The dog is everyone's pet.
   B They promised their parents they would take care of the dog.
   C They have never named a dog before.
   D They didn't like the name the dog had before they got it.

Bilingual: Reading Grade 3, SV 9781419099793

El juego de los nombres

Los niños Syms siempre habían querido tener un perro. Ellos se lo habían pedido a sus padres varias veces, y sus padres les decían a sus hijos que un perro requería mucho cuidado. Los niños les prometían a sus padres que ellos cuidarían del perro personalmente. Como ellos eran cinco, estaban seguros de que no tendrían ningún problema con eso. Finalmente, los padres llevaron a los niños al albergue de animales y ellos escogieron un perro blanco con mucho pelo.

Ahora los niños tenían que escoger un nombre para el perro que les gustara a todos. Tim, el mayor, pensó que *Neptuno* era un buen nombre. Irene sugirió el nombre de *Sport*. Grace quería ponerle *Button*. Eduardo pensó que *Button* era un nombre tonto; a él le gustaba el nombre de *Scout*. Raquel, la menor, quería llamarlo *Spice*.

Entonces se le ocurrió una idea a Tim. —Usemos la primera letra de cada uno de nuestros nombres para hacer un nombre para el perro —dijo él.

—Yo estoy de acuerdo, si empezamos con el menor y terminamos con el mayor —dijo Raquel.

—*R-E-G-I-T* —dijo Irene—. Eso no es un nombre.

—No, no es, pero las letras *T-I-G-E-R* deletrean un nombre —dijo Grace.

Los niños estuvieron de acuerdo que *Tiger* sería un buen nombre para el perro.

●●●▶ Encierra en un círculo la letra junto a la mejor respuesta.

1. ¿Qué dicen los padres acerca de tener un perro?

A Ellos no pueden encontrar uno que les guste.

B Un perro requiere mucho cuidado.

C Ellos no saben dónde encontrar un perro.

D Ellos no saben dónde poner al perro.

2. ¿Qué problema tienen los niños ya que encuentran un perro?

A cómo llevarse el perro a su casa

B cómo escoger un nombre para el perro

C decidir de quién va a ser el perro

D saber qué clase de perro escogieron

3. A Tim se le ocurrió la idea de—

A poner nombres en papelitos y sacarlos de un sombrero.

B dejar que el menor de ellos le pusiera el nombre al perro.

C usar letras de los nombres de ellos.

D no ponerle nombre al perro.

4. Finalmente, los niños se deciden por el nombre de—

A Button.

B Sport.

C Regit.

D Tiger.

5. ¿Por qué es importante que los niños estén de acuerdo en el nombre?

A El perro es de todos.

B Ellos les prometieron a sus papás que cuidarían al perro.

C Ellos nunca le habían puesto nombre a un perro.

D A ellos no les gustó el nombre que tenía el perro antes de que fuera de ellos.

The Rocking Chair

One day when Beth walked by the nursery, she saw something very strange. The rocking chair was rocking, and no one was in the room! Beth thought that the wind must have made the chair rock, but the window was not open.

"Well," said Beth to herself, "there has to be some good explanation!"

The next day, though, the same thing happened. Beth began to think her house was haunted! She told her mother about it, but her mother just laughed.

"I'm sure there is a good reason why that chair was moving, Beth," she said. "Don't be concerned about it."

But Beth was worried—and spooked! How could she sleep near a haunted room? How could her mother put the baby in a haunted room?

Beth decided to hide and spy on the chair. She would catch the ghost in action! Beth hid behind the door and peered out the crack at the room. She was very nervous, but nothing happened for a long time. Then her cat came into the room. The cat was not allowed in the nursery, but Beth kept quiet. She did not want to give herself away. The cat got into the rocking chair. That annoying cat was going to ruin her investigation! She considered shooing away the naughty cat, but just then, her mother approached the doorway. The cat leapt from the chair and under the bed. The rocker rocked! It looked just as it had when Beth saw it. Beth laughed aloud. Now she knew what was haunting the nursery!

Bilingual: Reading Grade 3, SV 9781419099793

Name _____ Date _____

 Rewrite each sentence. Use a word from the Word List that has the same meaning as the underlined word or words.

| **Word List** | haunted | annoying | nervous | explanation |
| | concerned | ruin | nursery | investigation |

1. Beth saw something strange in the <u>baby's room</u>. _____

   _____

2. She thought the baby's room might be <u>visited by a ghost</u>! _____

   _____

3. Beth's mother told her not to be <u>worried</u>. _____

   _____

4. Beth wanted to find a good <u>reason</u> for the moving chair. _____

   _____

5. Beth was <u>not relaxed</u> as she hid behind the door. _____

   _____

6. Beth's <u>bothersome</u> cat got into the rocking chair. _____

   _____

7. The cat was going to <u>wreck</u> Beth's plans. _____

   _____

8. When the cat jumped, Beth's <u>plan to find out what was going on</u>

   was complete! _____

   _____

La silla mecedora

Un día cuando Beth caminaba por la guardería, vio algo muy extraño. La silla mecedora se estaba meciendo, ¡pero nadie estaba en el cuarto! Beth pensó que el viento había hecho que se meciera la silla, pero la ventana no estaba abierta.

—Veamos —se dijo Beth a sí misma—, ¡tiene que haber una buena explicación para esto!

Sin embargo, al día siguiente volvió a pasar la misma cosa. ¡Beth empezó a pensar que su casa estaba embrujada! Ella le platicó a su mamá acerca de esto, pero su mamá sólo se rió.

—Beth, estoy segura que hay una buena explicación de por qué se estaba moviendo la silla —dijo ella—. No te preocupes.

¡Pero Beth estaba preocupada y asustada! ¿Cómo podía ella dormir cerca de un cuarto embrujado? ¿Cómo podía su mamá poner al bebé en un cuarto embrujado?

Beth decidió que se iba a esconder para espiar a la silla. ¡Ella iba a sorprender al fantasma en plena acción! Beth se escondió detrás de la puerta y miraba por una rendija al cuarto. Ella estaba muy nerviosa, pero nada pasó durante mucho tiempo. Luego, su gato vino al cuarto. El gato tenía prohibido entrar a la guardería, pero Beth se quedó callada. Ella no quería que la descubrieran. El gato se subió a la mecedora. ¡Ese gato fastidioso iba a arruinar su investigación! Ella estaba pensando ahuyentar al travieso gato, pero justo en ese momento, su mamá se acercó a la puerta. El gato saltó de la silla y se metió debajo de la cama. ¡La mecedora se meció! Se veía tal como Beth la había visto. Beth se rio en voz alta. ¡Ahora ella ya sabía lo que estaba embrujado en la guardería!

Nombre _____ Fecha _____

▸ **Vuelve a escribir cada oración. Escoge la palabra o palabras de la Lista de palabras que tengan el mismo significado que las palabras que están subrayadas.**

Lista de palabras

embrujado	nerviosa	fastidioso	la guardería
preocupes	arruinar	explicación	la investigación

1. Beth vio algo extraño en <u>el cuarto del bebé</u>. _____

_____

2. ¡Ella pensó que el cuarto del bebé podría estar <u>ocupado por un fantasma</u>!

_____

3. La mamá de Beth le dijo: —No te <u>alarmes</u>. _____

_____

4. Beth quería encontrar una buena <u>razón</u> por el movimiento de la silla.

_____

5. Beth estaba <u>intranquila</u> mientras estaba escondida detrás de la puerta.

_____

6. El gato <u>que causa molestía</u> se subió a la mecedora. _____

_____

7. El gato iba a <u>destruir</u> el plan de Beth. _____

_____

8. Cuando el gato saltó, <u>el plan de Beth de averiguar qué estaba pasando</u>,

¡se completaba! _____

_____

Name _____   Date _____

The Candle Maker

There once was a candle maker from Brighton who made wonderful candles of all colors, shapes, and sizes. People came from near and far to admire and buy his candles. The candle maker enjoyed making his candles so much that it did not seem right to ask people to pay for them. He gave candles away until there were none left to give.

One day, he reached into his cupboard for more dye, and there was none. He searched for more tallow, and there was none. He found string for the wick. However, without tallow or dye he could not make any candles. He had given away his last candle, and he did not know what to do.

He went to see his friend, the woodcutter.

"I have no candles to give to people," he said. "You will need to work very hard to chop wood today. People will depend on the light from their fireplaces." It was soon known throughout the country that there were no more beautiful candles to be bought in Brighton.

That evening, neighbors arrived with the woodcutter. They brought tallow and dye for the candle maker. He was surprised and pleased. The candle maker asked them why they had brought supplies.

"You have been giving us candles for years," answered the woodcutter. "Brighton would no longer be bright if you stopped making candles."

Bilingual: Reading Grade 3, SV 9781419099793

Name _____ Date _____

●●●▶ **Circle the letter next to the best answer.**

1. Why does the candle maker give away his candles?
   A Candles are useful.
   B Candles are beautiful.
   C He enjoys making candles.
   D Candles are easy to make.

2. Why does the candle maker run out of tallow and dye?
   A He forgets to buy more.
   B He gives away his candles and has no money to buy more supplies.
   C His supplies are late.
   D He makes too many large candles for the woodcutter.

3. The candle maker—
   A worries about the people who need candles.
   B finds more supplies.
   C tells people to sell their candles.
   D asks the woodcutter to make candles.

4. The neighbors—
   A go to another city for candles.
   B buy wood from the woodcutter.
   C give tallow and dye to the candle maker.
   D make their own candles.

5. Why do the neighbors help the candle maker?
   A He asks for help.
   B He helps them by giving them candles for light.
   C The woodcutter does not have wood to chop.
   D They have too many candles.

The Candle Maker
Bilingual: Reading Grade 3, SV 9781419099793

El hombre de las velas

Había una vez un hombre de Brighton que hacía unas velas maravillosas, de todos colores, formas y tamaños. La gente venía de lugares cercanos y lejanos a admirar y comprar sus velas. El hombre disfrutaba tanto haciendo sus velas, que no le parecía correcto pedirles a las personas que pagaran por ellas. Él regaló todas las velas, hasta que ya no quedaba ninguna.

Un día, él fue a su alacena para sacar más colorante para teñir, y ya no quedaba nada. Él buscó más sebo, y ya no había. Él encontró cordón para la mecha. Sin embargo, él no podía hacer velas sin sebo y sin colorante. Él había regalado su última vela, y no sabía qué hacer.

Él fue a ver a su amigo, el leñador.

—No tengo velas para darle a la gente —dijo él—. Vas a tener que trabajar muy duro hoy cortando leña. Las personas van a necesitar la luz de sus chimeneas. Muy pronto se supo por todo el país que ya no había en Brighton de esas hermosas velas que se pudieran comprar.

Esa tarde, llegaron los vecinos y el leñador. Ellos le llevaban sebo y colorante al velero. Él estaba admirado y complacido. El velero les preguntó por qué le llevaban esos materiales.

—Tú nos has estado regalando velas por muchos años —contestó el leñero—. Brighton ya no estaría iluminado si tú dejaras de hacer velas.

Nombre _____ Fecha _____

●●●▶ **Encierra en un círculo la letra junto a la mejor respuesta.**

1. ¿Por qué regala sus velas el velero?
   A Las velas son útiles.
   B Las velas son hermosas.
   C Él disfruta haciendo velas.
   D Las velas son fáciles de hacer.

2. ¿Por qué se queda el velero sin sebo y colorante?
   A A él se le olvida comprar más.
   B Él regala sus velas y no tiene dinero para comprar materiales.
   C Sus materiales no llegan a tiempo.
   D Él hace demasiadas velas grandes para el leñador.

3. El velero—
   A se preocupa acerca de las personas que necesitan velas.
   B encuentra más materiales.
   C les dice a las personas que vendan sus velas.
   D le pide al leñador que haga velas.

4. Los vecinos—
   A van a otra ciudad por velas.
   B le compran leña al leñador.
   C le dan sebo y colorante al velero.
   D hacen sus propias velas.

5. ¿Por qué ayudan los vecinos al velero?
   A Él les pide ayuda.
   B Él los ayuda a ellos dándoles velas para que tengan luz.
   C El leñero no tiene leña para cortar.
   D Ellos tienen demasiadas velas.

Less Mess

Once upon a time, there was a little girl whose room was always very messy. Nothing her mother did could get the girl to keep her room clean. Occasionally, the mother would take the girl into her room and together they would pick up, put away, straighten, and clean all day. It would look so nice the mother would be sure that this time the girl would keep it that way. But the next day, it would be a disaster area once more.

The real reason that the girl did not clean her room was that she just didn't think there was any reason to do it. She didn't mind stepping over piles of clothes and toys to get to her bed. She didn't care if her games were all mixed together. She didn't even care on which end of the bed she put her head at night. So why should she clean her room?

One day, however, all that changed. Her great-grandmother had given the little girl a very special ring. The old woman had told her it would bring her good fortune. The girl kept the ring on her finger all the time, and she did feel lucky. She was so excited!

But one morning she woke to find the ring was gone. It must have slipped from her finger! She frantically tried to look for the ring, but it was hopeless. She didn't know where to start.

So she did what she had to do. She began, piece by piece, to clean up her room. Finally when every single item was in place, she found her ring. It was in a dainty glass dish on her bureau. She had never seen the dish before, and she didn't know how the ring had gotten into it. But she did know that she was through with her messy ways! From then on, she kept her room neat as a pin, and she (almost) never lost anything!

Name _____ Date _____

●●●▶ **Choose the word that best completes each sentence. Write the word on the line.**

1. The little girl's room was a _____.
   danger   disaster   present

2. Her mother could not get her to _____ her room.
   straighten   stretch   leave

3. The girl's great-grandmother told her the ring would bring

   good _____.
   feelings   food   fortune

4. The little girl _____ looked for the ring.
   finally   frantically   never

5. It was _____ to look for the ring in her messy room.
   helpful   hopeful   hopeless

6. She put away every single _____.
   item   tool   idea

7. She found the ring on her _____.
   desk   bed   bureau

8. It was in a _____ glass dish.
   broken   dainty   dusty

Bilingual: Reading Grade 3, SV 9781419099793

Menos desorden

Había una vez una niña pequeña que siempre tenía su cuarto desordenado. Nada de lo que hizo su mamá pudo lograr que la niña tuviera su cuarto limpio. De vez en cuando, la mamá llevaba a la niña a su cuarto y juntas recogían, guardaban, ordenaban y limpiaban todo el día. Se veía tan bonito que la mamá estaba segura que esta vez la niña lo conservaría así. Pero al día siguiente, estaba hecho un desastre otra vez.

La verdadera razón por la que la niña no arreglaba su cuarto era que ella no pensaba que hubiera una razón para hacerlo. A ella no le molestaba saltar montones de ropa y juguetes para llegar a su cama. A ella no le preocupaba que sus juegos estuvieran todos revueltos unos con otros. A ella ni siquiera le importaba si en la noche ponía su cabeza en la cabecera o al pie de la cama. Así que, ¿por qué tendría que arreglar su cuarto?

Un día, sin embargo, todo eso cambió. La bisabuela de la niña le había regalado un anillo muy especial. La anciana le había dicho que el anillo le traería buena suerte. La niña traía puesto el anillo en su dedo todo el tiempo, y ella sentía que tenía muy buena suerte. ¡Ella estaba muy emocionada!

Pero una mañana, ella despertó y se dio cuenta que no tenía el anillo. ¡Se le debió haber deslizado del dedo! Ella trató desesperadamente de buscar el anillo, pero era imposible. Ella no sabía por dónde empezar.

Así que ella hizo lo que tenía que hacer. Ella empezó a recoger su cuarto, cosa por cosa. Finalmente, cuando cada objeto estaba en su lugar, ella encontró su anillo. Estaba en un plato fino de cristal en su buró, junto a su cama. Ella nunca había visto el plato, y no sabía cómo fue que el anillo llegó ahí. Pero lo que sí sabía era que ¡ya no volvería a tener ese desorden! Desde entonces, ella mantenía su cuarto en perfecto orden, ¡y (casi) nunca perdía nada!

Bilingual: Reading Grade 3, SV 9781419099793

●●●▶ **Escoge la palabra o palabras que completen mejor cada oración. Escríbelas en la línea.**

1. El cuarto de la niña pequeña era un _____.

   peligro   desastre   regalo

2. Su mamá no podía hacer que ella _____ su cuarto.

   ordenara   tendiera   dejara

3. La bisabuela de la niña le dijo que el anillo le traería _____

   _____.

   buena comida   buena suerte   buenos sentimientos

4. La niña _____ buscó el anillo.

   finalmente   nunca   desesperadamente

5. Era _____ buscar el anillo en su cuarto con ese desorden.

   práctico   optimista   imposible

6. Ella recogió completamente cada _____.

   objeto   herramienta   idea

7. Ella encontró el anillo en su _____.

   escritorio   cama   buró

8. Estaba en un plato _____ de cristal.

   roto   fino   empolvado

Lost and Found

Nancy and her father planned to hike up a mountain trail. The trail they chose was long and led to the top of a mountain. She and her father had packed a picnic lunch earlier in the morning. They both carried backpacks and a few other supplies.

As they started up the trail, Nancy's father pointed out many different flowers and trees. He showed Nancy the difference between the leaves of an oak tree and a maple tree. Soon Nancy was pointing out different kinds of trees to her father.

"Look over there," Nancy whispered suddenly. They had just turned a corner of the trail. To the side of the path was a tiny baby raccoon. It appeared to be lost as it stumbled around in the tall grass.

"Its mother must be close by. Do you think we should stop here and watch it?" she asked.

"That's a good idea," her father answered. "We can eat our lunch while we watch the baby raccoon."

Nancy and her father sat beside the trail and ate their lunch. They watched the tiny raccoon until it tired itself out and fell asleep. Soon a larger raccoon came through the bushes and sat down next to the baby raccoon.

Nancy and her father packed up their supplies and continued up the mountain. They knew the tiny raccoon was safe.

Name _____ Date _____

●●●▶ Circle the letter next to the best answer.

1. Nancy and her father are going—
   A to the top of a mountain.
   B to a park.
   C to buy lunch.
   D to look at trees.

2. How does Nancy's father help her?
   A He carries the supplies.
   B He packs the picnic.
   C He teaches her how to identify flowers and trees.
   D He takes her to a park.

3. What kinds of trees do Nancy and her father see?
   A cherry and birch
   B apple and pine
   C elm and birch
   D oak and maple

4. What animal does Nancy see?
   A a raccoon
   B a squirrel
   C a rabbit
   D a fox

5. How do Nancy and her father help the animal?
   A They look for and find its mother.
   B They feed it.
   C They watch it so that nothing harms it.
   D They take it home.

Perdido y encontrado

Nancy y su papá planearon ir a escalar por el sendero de una montaña. El sendero que ellos escogieron era largo y llegaba hasta la cima de la montaña. Temprano en la mañana, ella y su papá habían preparado un almuerzo campestre. Los dos llevaban mochilas y otras cuantas cosas.

Cuando empezaron por el sendero, el papá de Nancy le señaló muchas flores y árboles de diferentes clases. Él le mostró a Nancy la diferencia entre las hojas de un roble y las del arce. Al poco tiempo, Nancy le estaba señalando diferentes clases de árboles a su papá.

—Mira allá —susurró Nancy de repente.

Ellos acababan de dar vuelta en una esquina del sendero. A un lado del camino estaba un pequeño bebé mapache. Parecía estar perdido mientras iba tropezándose por la hierba alta.

—Su mamá debe estar muy cerca. ¿Crees que debamos parar aquí y vigilarlo? —preguntó ella.

—Es buena idea —contestó su papa—. Podemos almorzar mientras que cuidamos al bebé mapache.

Nancy y su papá se sentaron al lado del sendero y se comieron su almuerzo. Ellos vigilaron al pequeño mapache hasta que se cansó y se quedó dormido. Un poco después, un mapache más grande salió de unos arbustos y se sentó junto al bebé mapache.

Nancy y su papá guardaron sus cosas y continuaron subiendo la montaña. Ellos sabían que el pequeño mapache estaba a salvo.

Nombre _____ Fecha _____

●●●▶ Encierra en un círculo la letra junto a la mejor respuesta.

1. Nancy y su papá van a ir—
   A a la cima de la montaña.
   B a un parque.
   C a comprar el almuerzo.
   D a ver árboles.

2. ¿Cómo ayuda el papá a Nancy?
   A Él carga las cosas.
   B Él prepara el almuerzo.
   C Él le enseña cómo identificar flores y árboles.
   D Él la lleva a un parque.

3. ¿Qué clase de árboles ven Nancy y su papá?
   A cerezo y abedul
   B manzano y pino
   C olmo y abedul
   D roble y arce

4. ¿Qué animal ve Nancy?
   A un mapache
   B una ardilla
   C un conejo
   D una zorra

5. ¿Cómo ayudan al animal Nancy y su papá?
   A Ellos buscan y encuentran a su mamá.
   B Ellos le dan de comer.
   C Ellos lo vigilan para que no le pase nada.
   D Ellos se lo llevan a casa.

Bilingual: Reading Grade 3, SV 9781419099793

Dogs Deliver!

Have you ever seen a person walking along the street with a guide dog? It seems amazing that these dogs know what to do. But they certainly do know what they're doing. They do it so well that the people they are with trust them completely. These people trust the dogs with their lives!

Dogs do more for people than help them move safely from one place to another. There are also dogs that help people who are deaf or hard of hearing. These dogs are trained to respond to certain types of sounds, such as ringing telephones, doorbells, and their owner's name. When they hear these sounds, they go to their owners and lead them to the sound. When the dogs hear a fire alarm, however, they do something quite different. They get their owner's attention and then lie down immediately. This tells the owner that it is time to get out quickly!

Dogs are also used to help children with spinal injuries and other types of illness. These children, who are usually in wheelchairs, rely on their dogs for many things. The dogs are trained to open and close doors. They can ring doorbells. They can pick up things that the child drops—even coins! They can pull the wheelchair, and they can go and get help.

It is well known that animals can have a great positive influence on their owners. They make people feel calm and help them live healthier lives. Dogs are used in some hospital environments to help people get better. The dogs make people feel good. They are good friends. There is no doubt that the friendship developed between the working dog and its owner is one of the biggest benefits of all!

Name _____ Date _____

●●● ▶ **Rewrite each sentence. Use a word with the same meaning from the Word List in place of the underlined words.**

Word List   rely   doubt   wheelchairs   injuries
                 influence   positive   environments

1. Many people <u>depend</u> on their working dogs for help. _____

_____

2. Children with <u>damages</u> to their spines can use dogs. _____

_____

3. These children are usually in <u>special chairs with wheels</u>. _____

_____

4. Dogs are used in some hospital <u>surroundings; the things that are around you</u>.

_____

_____

5. The dogs have a <u>good</u> effect on the people's health. _____

_____

6. The dogs can <u>have an effect on</u> the way people feel. _____

_____

7. There is no <u>question</u> that friendships with dogs are good for most people.

_____

_____

¡Los perros ayudan!

¿Has visto alguna vez a una persona caminando por la calle con un perro guía? Parece increíble que estos perros saben qué deben hacer. Pero por supuesto que ellos saben lo que están haciendo. Ellos lo hacen tan bien que las personas que están con ellos les tienen absoluta confianza. ¡Estas personas les confían sus vidas a estos perros!

Los perros hacen mucho más por las personas; no sólo los ayudan a ir de un lugar a otro con seguridad. También hay perros que ayudan a las personas que están sordas o que no oyen bien. Estos perros están entrenados para responder a cierto tipo de sonidos, como cuando suena el teléfono, el timbre de la puerta, y el nombre de su dueño. Cuando ellos escuchan estos sonidos, ellos van con sus dueños y los llevan a donde está el sonido. Sin embargo, cuando los perros escuchan una alarma de incendio, ellos hacen algo completamente diferente. Ellos llaman la atención de sus dueños y luego se echan inmediatamente. ¡Esto le indica al dueño que deben salir rápidamente!

Los perros también se usan para ayudar a los niños con lesiones en la columna vertebral y otros tipos de enfermedades. Estos niños, que generalmente están en sillas de ruedas, dependen de sus perros para muchas cosas. Los perros están entrenados para abrir y cerrar puertas. Ellos pueden tocar el timbre de la puerta. Ellos pueden recoger las cosas que se les caen a los niños— ¡hasta monedas! Ellos pueden jalar la silla de ruedas, y ellos pueden ir y conseguir ayuda.

Es bien sabido que los animales pueden tener una gran influencia positiva en sus dueños. Ellos hacen que la gente se sienta tranquila y les ayudan a vivir más saludablemente. En el medio ambiente de algunos hospitales usan a los perros para ayudar a que se mejore la gente. Los perros hacen que la gente se sienta bien. Ellos son buenos amigos. ¡No hay duda que la amistad que se desarrolla entre el perro de trabajo y su dueño es uno de los más grandes beneficios!

www.harcourtschoolsupply.com
49
¡Los perros ayudan!
Bilingual: Reading Grade 3, SV 9781419099793

Nombre _____ Fecha _____

●●●▶ **Vuelve a escribir cada oración. Escoge la palabra o palabras de la Lista de palabras que tengan el mismo significado que las palabras que están subrayadas.**

Lista de palabras			
dependen de	lesiones	sillas de ruedas	influir
hay duda	positivo	el medio ambiente	

1. Muchas personas <u>cuentan con</u> sus perros de trabajo para que los ayuden.

_____

2. Los niños con <u>daños</u> en su columna vertebral pueden usar a los perros.

_____

3. Generalmente estos niños están en <u>asientos especiales con piezas de formas circulares</u>. _____

_____

4. En algunos hospitales los perros se usan en <u>sus circunstancias; las cosas que están a tu alrededor</u>. _____

_____

5. Los perros tienen un efecto <u>bueno</u> en la salud de las personas. _____

_____

6. Los perros pueden <u>tener un efecto</u> en cómo se sienten las personas.

_____

7. No <u>es cuestionable</u> que las amistades con los perros son buenas para la mayoría de las personas. _____

_____

www.harcourtschoolsupply.com
© HMH Supplemental Publishers Inc. All rights reserved.

50

¡Los perros ayudan!
Bilingual: Reading Grade 3, SV 9781419099793

Going Batty!

What has fur and wings, flies at night, and sleeps upside down during the day? A bat, of course! Bats are the only flying mammals. They have fur, and their wings are made of leathery skin. The bones in their wings are made of an arm, extended fingers, and a thumb. Bats give birth to one or two young each year. The little bats huddle together in one place for warmth while the mother bats look for food.

Bats come in many sizes. The largest is the fruit bat. It can measure almost 7 feet from wingtip to wingtip! Most bats eat insects or fruit. Some will eat small animals and fish. One bat can eat as many as 1,000 insects in an hour. Imagine how many insects we might have if there were no bats!

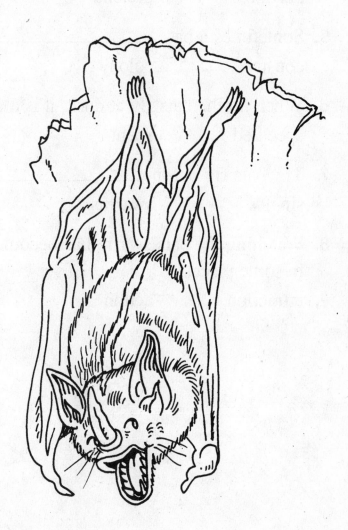

There are hundreds of different kinds of bats. They make up a huge portion of the mammals on Earth. Since bats are active at night, many people have never seen one. However, if you happen to live near a bridge that houses a bat colony, you may have seen a spectacular sight. During the warmer months, at dusk each day, the entire colony will take wing at once. They fly in swarms from their upside-down perches in search of insects. In some places, this sight is a regular attraction!

Going Batty!
Bilingual: Reading Grade 3, SV 9781419099793

Name _____ Date _____

●●●▶ **Choose the word that best completes each sentence. Write the word on the line.**

1. Bats are the only flying _____.

    animals   mammals   birds

2. The bones in a bat's wing are _____ fingers.

    extended   excellent   except

3. Young bats _____ together for warmth.

    hunger   fly   huddle

4. Bats make up a huge _____ of the mammal world.

    portion   pretend   picture

5. Sometimes a bat _____ will live under a bridge.

    cousin   colony   family

6. When all the bats fly at dusk, it is a _____ sight.

    speckled   spent   spectacular

7. The bats fly out in _____.

    singles   swarms   sweaters

8. Watching the bats swarm has become a regular _____ in some places.

    attraction   action   problem

Going Batty!
Bilingual: Reading Grade 3, SV 9781419099793

Los murciélagos

¿Qué tiene pelo y alas, vuela de noche y duerme colgado cabeza abajo durante el día? ¡Por supuesto un murciélago! Los murciélagos son los únicos mamíferos que vuelan. Ellos tienen pelo, y sus alas están hechas de una piel como de cuero. Los huesos en sus alas se desarrollan como un brazo con dedos extendidos y un pulgar. Los murciélagos tienen una o dos crías cada año. Los murciélagos pequeños se acurrucan juntos en un lugar para calentarse mientras que las mamás murciélago buscan comida.

Hay murciélagos de muchos tamaños. El más grande es el murciélago de la fruta. ¡Puede llegar a medir 7 pies de la punta de un ala a la otra! La mayoría de los murciélagos comen insectos y fruta. Algunos llegan a comer pequeños animales y peces. Un murciélago se puede comer hasta 1,000 insectos en una hora. ¡Te imaginas cuántos insectos tendríamos si no hubiera murciélagos!

Hay cientos de diferentes tipos de murciélagos. Ellos componen una enorme porción de los mamíferos en la Tierra. Ya que los murciélagos son activos de noche, muchas personas nunca han visto uno. Sin embargo, si tú vives cerca de un puente que sirva de vivienda para una colonia de murciélagos, tú habrás visto una escena espectacular. Cada día al atardecer, durante los meses cálidos, la colonia completa sale a volar al mismo tiempo. Ellos inician su vuelo en enjambres, y salen de sus perchas en busca de insectos. ¡En algunos lugares, este espectáculo es una atracción regular!

Nombre _____ Fecha _____

●●●▶ Escoge la palabra o palabras que completen mejor cada oración. Escríbelas en la línea.

1. Los murciélagos son los únicos _____ que vuelan.

   animales   mamíferos   pájaros

2. Los huesos en el ala de un murciélago son como dedos

   _____.

   extendidos   excelentes   excluidos

3. Los murciélagos pequeños _____ juntos para calentarse.

   hambrientos   vuelan   se acurrucan

4. Los murciélagos componen una enorme _____ del mundo de los mamíferos.

   porción   mentira   foto

5. Algunas veces una _____ de murciélagos vive bajo un puente.

   prima   colonia   familia

6. Cuando todos los murciélagos vuelan al anochecer, es una escena

   _____.

   moteada   gastada   espectacular

7. Los murciélagos salen volando _____.

   de uno en uno   en enjambres   en suéteres

8. Observar el enjambre de murciélagos se ha convertido en

   _____ en algunos lugares.

   una atracción   una acción   un problema

Los murciélagos
Bilingual: Reading Grade 3, SV 9781419099793

Don't Bug Me!

You may know that a spider is not an insect. Do you know why? What is an insect? What is the difference between an insect, like an ant, and a spider?

To be an insect, a creature must have five characteristics. First, it must breathe air. Second, its body must have three parts. The three parts are the head, the thorax, or the middle of the body, and the abdomen, which is at the back of the body. Third, an insect must have six legs. Fourth, an insect has a skeleton on the outside of its body. Fifth, an insect has no backbone.

So how does the spider compare to an insect? Like an insect, a spider breathes air. A spider does not have a backbone. It also has a skeleton on the outside of its body. So far, the spider could be an insect. But here are the differences. A spider has two body parts, not three. And it has eight legs rather than six.

To some of us, all things creepy and crawly can go into one category. But the fact is, many of them, like the spider and the ant, are not the same!

55

Name _____ Date _____

▸ **Choose the word from the Word List that best completes each sentence. Write the word on the line. Then use the remaining words from the Word List to label the three parts of the insect in the picture below.**

Word List

| category | insect | head | skeleton |
| thorax | compare | abdomen | characteristics |

1. All insects have the same five _____.

2. This story was written to _____ spiders and insects.

3. Insects have a _____ on the outside of their body.

4. A spider is not an _____.

5. A spider is in a different _____ than an ant.

6. _____   7. _____

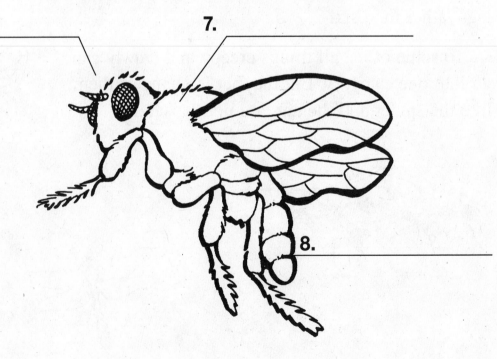

8. _____

Don't Bug Me!
Bilingual: Reading Grade 3, SV 9781419099793

Los insectos

Tú ya has de saber que una araña no es un insecto. ¿Sabes por qué? ¿Qué es un insecto? ¿Cuál es la diferencia entre un insecto, como una hormiga, y una araña?

Una criatura necesita tener cinco características para ser un insecto. Primero, tiene que respirar aire. Segundo, su cuerpo debe tener tres partes. Las tres partes son la cabeza, el tórax, o la parte media de su cuerpo, y el abdomen, el cual está en la parte de atrás del cuerpo. Tercero, un insecto debe tener seis patas. Cuarto, un insecto tiene un esqueleto en la parte de afuera de su cuerpo. Quinto, un insecto no tiene espina dorsal.

Entonces, ¿cómo se compara una araña con un insecto? Una araña respira aire como el insecto. Una araña no tiene espina dorsal. También tiene esqueleto en la parte de afuera de su cuerpo. Hasta aquí, la araña podría ser un insecto. Pero aquí están las diferencias. El cuerpo de una araña tiene dos partes, no tres. Y tiene ocho patas en lugar de seis.

Para algunos de nosotros, todas las cosas horripilantes y que se arrastren pueden ir en una categoría. Pero la verdad es que muchas de ellas, como la araña y la hormiga, ¡no son lo mismo!

Escoge la palabra de la Lista de palabras que complete mejor cada oración. Escríbela en la línea. Luego usa las palabras que queden de la Lista de palabras para señalar las tres partes de un insecto en el dibujo de abajo.

Lista de palabras

categoría	insecto	cabeza	esqueleto
tórax	comparar	abdomen	características

1. Todos los insectos tienen las mismas cinco _____.

2. Esta historia se escribió para _____ insectos y arañas.

3. Los insectos tienen un _____ en la parte de afuera de su cuerpo.

4. Una araña no es un _____.

5. Una araña está en una _____ diferente que una hormiga.

6. _____   7. _____

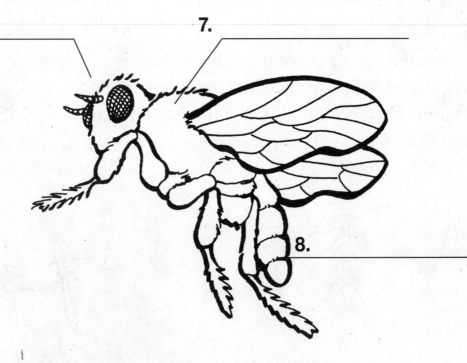

8. _____

Cat Facts

Cats are so common that we see them almost every day. Millions of people have one or more cats as pets. Cats, along with dogs, are the most common pets we see. How much do we understand about our cats? We can tell when a cat is happy and when it is angry. But there are some things cats do that we may not fully understand.

Cats are descendants of wild cats. Many of the habits cats had in the wild are still the habits of our pets. Some of the things cats used to do in the wild are no longer necessary for cats that are pets. Cats still do hem because they are instincts.

Many of these habits come from when cats are born. Kittens get milk from their mother. While they are drinking the milk, they push their paws in and out against the mother's stomach. This helps the milk come out. They also purr while they feed. This lets the mother know that everything is all right. When the cat becomes your pet, you become its "mother." You provide the food your cat eats. So when your cat jumps in your lap and presses its paws up and down on your legs and purrs, it is an action it remembers from being with its mother. Sometimes your cat will even drool while it does this. The cat's mouth is remembering the milk!

If you have a cat, you may want to gain more knowledge about it. There are many other interesting cat facts. You can read about them in books and on the Internet.

Bilingual: Reading Grade 3, SV 9781419099793

Name _____ Date _____

●●●▶ **Read each clue. Choose a word from the Word List that fits each clue. Write the words in the puzzle.**

Word List

| common | habits | provide |
| instincts | millions | knowledge |

ACROSS

3. ways of behaving one is born with

5. a large number

6. give

DOWN

1. what is known

2. things one is used to doing

4. everyday; not unusual

Cat Facts
Bilingual: Reading Grade 3, SV 9781419099793

Cosas de gatos

Los gatos son tan comunes que los vemos casi todos los días. Millones de personas tienen uno o más gatos como mascotas. Los gatos, junto con los perros, son las mascotas más comunes que vemos. ¿Cuánto entendemos acerca de nuestros gatos? Podemos decir cuando un gato está contento y cuando está enojado. Pero hay algunas cosas que hacen los gatos que nosotros tal vez no entendemos completamente.

Los gatos son descendientes de gatos salvajes. Muchos de los hábitos que tienen los gatos salvajes también son los hábitos de nuestras mascotas. Algunas de las cosas que los gatos hacían en estado salvaje ya no son necesarias para los gatos que son mascotas. Los gatos todavía las hacen porque son instintos.

Muchos de estos hábitos vienen desde que nacen los gatos. Los gatitos toman la leche de sus mamás. Mientras que están tomando la leche, ellos empujan sus patas hacia adentro y hacia afuera contra el estómago de su mamá. Esto ayuda a que salga la leche. Ellos también ronronean mientras se alimentan. Esto deja saber a la mamá que todo está bien. Cuando el gato se convierte en tu mascota, tú te conviertes en su "mamá". Tú le proporcionas la comida que tu gato come. Así que cuando tu gato salta a tus piernas y presiona sus patas arriba y debajo de tus piernas y ronronea, esta es una acción que él recuerda de cuando estaba con su mamá. Algunas veces tu gato hasta va a babear mientras hace esto. ¡La boca del gato está recordando la leche!

Si tú tienes un gato, sería bueno que conocieras más acerca de él. Hay muchas otras cosas interesantes acerca de ellos. Puedes leer más sobre ellos en libros y en el Internet.

Nombre _____ Fecha _____

▶ Lee cada pista. Escoge la palabra de la Lista de palabras que vaya de acuerdo con cada pista. Escríbelas en el crucigrama.

Lista de palabras

común	hábitos	proporcionas
instintos	millones	conocieras

HORIZONTALES

4. cosas que uno está acostumbrado a hacer

6. das

VERTICALES

1. estudiaras

2. formas de comportarse con las que uno nace

3. un gran número

5. cotidiano; no inusual

Bilingual: Reading Grade 3, SV 9781419099793

The Lighthouse

As Cameron guided his boat among the rocks, he looked up occasionally at the old lighthouse on the bluff. He had heard stories about the place. People said that it still lit up on stormy nights although it had been empty for years. Even the old lens was gone. There was no way a light could shine from the house now. Most people stayed away from the place anyway. They thought it was creepy.

Cameron forgot about the lighthouse for a while. Then one day while he was out on his boat, a sudden fog moved in around him. He couldn't see a thing. He used his radio to call his dad.

"Stay where you are, son," said his father. "This fog will lift soon enough, and we'll get you out of there. I don't want you trying to move around those ledges now."

Cameron didn't like being fogged in. It made his skin crawl. He tried to relax. He was about to drop his anchor when he saw a light. It cut through the fog like a knife. Cameron couldn't believe his eyes. It was the lighthouse! For a moment, he wondered if it could be some kind of trick. What if the lighthouse had an evil spirit that would guide him right into the rocks? Cameron decided to trust the light. He started his engine and began to move slowly through the water.

Cameron made it home safely. His family didn't believe his story at first. But how else could he have gotten in past those rocks? Many people with more experience than Cameron had ended up wrecked in this kind of weather. Cameron knew just one thing for sure. He would never be afraid to go near the lighthouse again. Whatever was there had probably saved his life!

The Lighthouse
Bilingual: Reading Grade 3, SV 9781419099793

Name _____   Date _____

 Rewrite each sentence. Use a word from the Word List that has the same meaning as the underlined word or words.

Word List

bluff	experience	anchor	evil
wrecked	ledges	lens	occasionally

1. Cameron looked up at the old lighthouse <u>once in a while</u>. _____

_____

2. It stood on a <u>high piece of land</u>. _____

_____

3. The old lighthouse did not have a <u>glass to shine light</u> anymore. _____

_____

4. Many boats were <u>broken</u> in bad weather. _____

_____

5. Many people with more <u>practice</u> had not made it. _____

_____

6. Cameron prepared to drop his <u>heavy weight</u> into the water. _____

_____

7. At first, Cameron thought the lighthouse might be <u>bad</u>. _____

_____

8. The lighthouse guided Cameron past the <u>sharp rocks</u>. _____

_____

The Lighthouse
Bilingual: Reading Grade 3, SV 9781419099793

El faro

Mientras Cameron guiaba su bote entre las rocas, él miraba ocasionalmente hacia el viejo faro en el peñasco. Él había oído historias acerca de ese lugar. La gente decía que todavía se prendía en las noches de tormenta aunque ya llevaba mucho tiempo vacío. Ya ni existían las lentes. No era posible que pudiera brillar una luz de la torre ahora. De cualquier manera, la mayoría de las personas se mantenían alejadas del lugar. Ellos pensaban que era pavoroso.

Cameron se olvidó del faro por algún tiempo. Un día mientras Cameron andaba afuera en su bote, una inesperada niebla se acercó y lo rodeó. Él no podía ver nada. Él usó su radio para llamar a su papá.

—Quédate en donde estás, hijo —le dijo su papá—. Esta niebla se dispersará muy pronto y te sacaremos de ahí. No quiero que trates de moverte alrededor de esos riscos ahora.

A Cameron no le gustaba estar en medio de la neblina. Hacía que su piel se pusiera chinita. Él trató de calmarse. Él estaba a punto de arrojar su ancla cuando vio una luz. Ésta atravesó la niebla como un cuchillo. Cameron no podía creer lo que veía. ¡Era el faro! Por un momento, el pensó que tal vez era algún truco. ¿Qué tal si el faro tenía un espíritu malvado que lo guiara justo hasta las rocas? Cameron decidió confiar en la luz. Él prendió su motor y empezó a moverse lentamente por el agua.

Cameron llegó a casa sano y salvo. Al principio, su familia no le creía su historia. ¿Pero de qué otra forma podría él haber logrado pasar esas rocas? Muchas personas con más experiencia que Cameron habían naufragado en ese tipo de clima. Cameron estaba seguro de una cosa. Él nunca volvería a tener miedo de acercarse al faro. ¡Fuera lo que fuera que estaba ahí, probablemente fue lo que le salvó la vida!

Nombre _____   Fecha _____

  Vuelve a escribir cada oración. Escoge la palabra o palabras de la Lista de palabras que tengan el mismo significado que las palabras que están subrayadas.

| **Lista de palabras** | peñasco | experiencia | ancla | malvado |
| | naufragado | los riscos | lente | ocasionalmente |

1. Cameron miraba hacia el viejo faro <u>de vez en cuando</u>. _____

_____

2. El faro estaba en un <u>pedazo de tierra elevada</u>. _____

_____

3. El viejo faro no tenía <u>el vidrio que refleja luz</u>. _____

_____

4. Muchos botes se habían <u>roto</u> en ese tipo de clima. _____

_____

5. Muchas personas con menos <u>práctica</u> no habían sobrevivido. _____

_____

6. Cameron se preparó para arrojar su <u>barra pesada</u> dentro del agua. _____

_____

7. Al principio, Cameron pensaba que el faro podría ser <u>malo</u>. _____

_____

8. El faro guió a Cameron más allá de <u>las afiladas rocas</u>. _____

_____

Message in a Bottle

Jeremy loved to walk by the sea. When he went to visit his cousin Michael on Cape Cod, they often spent hours walking along the beach. They would pretend they were pirates and look for shells and other treasures that the sea had left on the shore. Jeremy and Michael always made up stories as they walked.

Michael would call out to Jeremy, "Remember when we were lost at sea for two years?"

Jeremy would then add to the story, and they would take turns adding to the story all afternoon.

One day as they were making up a story, Jeremy spotted a bottle next to a piece of driftwood.

"Look, Michael!" he cried as he picked up the bottle. "This is a real treasure!"

Jeremy quickly removed the cork, and a folded piece of paper dropped out. Michael held his breath as Jeremy carefully unfolded the note. On the note was a date, a name, an address, and the following message: "I am a young boy living in Canada. Please write to me and tell me about yourself and what you like to do."

Jeremy and Michael ran to Michael's house. They shared the note with Michael's family and wrote their new friend a letter.

Name _____ Date _____

▶ **Circle the letter next to the best answer.**

1. Where did Jeremy love to walk?
   A through his neighborhood
   B in the woods
   C by the sea
   D along the river

2. What did Jeremy and Michael do as they walked?
   A tricks
   B made up stories
   C told jokes
   D their homework

3. What did they find next to the driftwood?
   A a small animal
   B a pirate treasure
   C an old doll
   D a bottle

4. Why did the boy from Canada write the note?
   A He hated to write.
   B He wanted to run away.
   C He wanted a pen pal.
   D He needed help.

5. How did Jeremy and Michael feel about the note?
   A They were excited.
   B They thought it was funny.
   C They didn't care about it.
   D They thought the boy was silly.

Mensaje en la botella

A Jeremy le fascinaba caminar por el mar. Cuando él iba a visitar a su primo Michael a Cape Cod, ellos con frecuencia pasaban horas caminando por la playa. Ellos se imaginaban que eran piratas y buscaban conchas y otros tesoros que el mar había dejado en la orilla. Jeremy y Michael siempre inventaban historias mientras caminaban.

Michael le decía a Jeremy: —¿Te acuerdas cuando nos perdimos en el mar durante dos años?

Jeremy entonces le agregaría a la historia, y así tomaban turnos para irle agregando a la historia toda la tarde.

Un día que estaban inventando una historia, Jeremy vio una botella junto a un pedazo de madera que flotaba.

—¡Mira, Michael! —él gritaba mientras recogía la botella—. ¡Este es un tesoro de verdad!

Jeremy inmediatamente le quitó el corcho y cayó un pedazo de papel doblado. Michael contuvo su respiración mientras Jeremy con mucho cuidado desdoblaba la nota. En la nota había una fecha, un nombre, una dirección y el siguiente mensaje: "Yo soy un niño que vive en Canadá. Por favor escríbeme y cuéntame acerca de ti y de lo que te gusta hacer".

Jeremy y Michael corrieron a la casa de Michael. Ellos le mostraron la nota a su familia y le escribieron una carta a su nuevo amigo.

Nombre _____ Fecha _____

●●◐▶ **Encierra en un círculo la letra junto a la mejor respuesta.**

1. ¿En dónde le fascinaba caminar a Jeremy?
   A por las calles donde él vivía
   B en el bosque
   C por el mar
   D a lo largo del río

2. ¿Qué hacían Jeremy y Michael mientras caminaban?
   A bromas
   B inventaban historias
   C decían chistes
   D su tarea

3. ¿Qué se encontraron junto a un pedazo de madera que flotaba?
   A un animal pequeño
   B un tesoro de pirata
   C una muñeca vieja
   D una botella

4. ¿Por qué escribió la nota el niño de Canadá?
   A A él no le gustaba escribir mucho.
   B Él se quería escapar.
   C Él quería tener un amigo por carta.
   D Él necesitaba ayuda.

5. ¿Qué pensaron Jeremy y Michael acerca de la nota?
   A Ellos estaban emocionados.
   B Ellos pensaron que era chistoso.
   C A ellos no les interesó.
   D Ellos pensaron que el niño era tonto.

Night Fright

Carlos was camping with his friend Palak and his family. Carlos and Palak had a tent to themselves. They had had a long, busy day hiking and canoeing, and now they were ready to sleep. They snuggled deep into their sleeping bags, closed their eyes, and fell asleep immediately.

Suddenly Carlos was wide awake. He sat up and discovered that Palak was also awake. Carlos's heart was beating fast.

"Did you hear that noise?" asked Palak. "Something is moving around outside the tent!"

"What is it?" asked Carlos. "It sounds really big! Get your flashlight and shine it out the door!"

Palak carefully unzipped the tent. He shined his light out into the dark night. The night was very black, and the boys couldn't see a thing. It was also very quiet. Then they heard it again—something was circling their tent! The boys froze in fear, and their hair stood on end.

Then they heard, "Hey! What are you guys doing awake?" The boys both yelled. Palak dropped his flashlight, and Carlos fell out of the tent. "Whoa! It's just me, boys," said Palak's father. "I was just checking around the area making sure everything was secure."

"Good grief, Dad! You just about scared us to death!" Palak exclaimed.

"So I see!" said his father, laughing. "Go on back to sleep now. I don't think you'll hear any more noises tonight."

Bilingual: Reading Grade 3, SV 9781419099793

Name _____   Date _____

●●●▶ **Read each clue. Choose a word from the Word List that fits each clue. Write the words in the puzzle.**

Word List

| exclaimed | immediately | canoeing | area |
| hiking | secure | circling | discovered |

ACROSS

3. right away

4. a type of boating

7. going around

8. a certain space

DOWN

1. a type of walking

2. found

5. safe

6. spoke with feeling

El susto de la noche

Carlos estaba acampando con su amigo Palak y su familia. Carlos y Palak tenían su propia tienda de campaña. Ellos habían tenido un día muy largo y ocupado yendo de excursión por los senderos y viajando por una canoa. Ahora estaban listos para dormirse. Ellos se acurrucaron dentro de sus sacos de dormir, cerraron sus ojos y se quedaron dormidos inmediatamente.

De pronto, Carlos estaba completamente despierto. Él se sentó y descubrió que Palak también estaba despierto. El corazón de Carlos estaba palpitando rápidamente.

—¿Escuchaste tú ese sonido? —preguntó Palak—. ¡Algo se está moviendo afuera de la tienda de campaña!

—¿Qué es? —preguntó Carlos—. ¡Suena como que es algo realmente grande! ¡Agarra tu linterna y alumbra afuera de la puerta!

Palak abrió con mucho cuidado el cierre de la tienda de campaña. Él alumbró su linterna hacia afuera en la noche obscura. La noche estaba muy negra y los niños no podían ver nada. También estaba muy silencioso. En eso ellos lo volvieron a escuchar—¡algo caminaba alrededor de su tienda! Los niños se quedaron paralizados del miedo y se les pararon los pelos.

Luego ellos escucharon: —¡Hey! ¿Qué están ustedes haciendo despiertos, muchachos?

Los dos niños gritaron. A Palak se le cayó su linterna y Carlos se cayó afuera de la tienda.

—¡Uy! Soy yo, chicos —dijo el papá de Palak—. Sólo estaba revisando para asegurarme que esta área esté segura.

—¡Santo cielo, Papá! ¡Por poco nos matas del susto! —exclamó Palak.

—¡Ya me di cuenta! —dijo su papa, riéndose—. Ahora váyanse a dormir. Yo no creo que vayan a escuchar más ruidos esta noche.

▶ **Lee cada pista. Escoge la palabra de la Lista de palabras que vaya de acuerdo con cada pista. Escríbelas en el crucigrama.**

Lista de palabras

exclamó	inmediatamente	canoa	área
excursión	descubrió	alrededor	segura

HORIZONTAL

5. un tipo de lancha
6. ir en círculos
7. dijo con emoción
8. un tipo de caminata

VERTICAL

1. en seguida
2. se dio cuenta
3. un cierto espacio
4. sin peligro

Name _____   Date _____

Monster Mystery

What if a huge serpent were living in a deep lake? What if it had been there for many years? What if many people had seen this creature, even taken pictures of it, yet no one really knew for sure if it actually existed?

Well, that is the case with one of the mysteries of the world today. The lake is Loch Ness in Scotland. The so-called monster is the Loch Ness Monster. It has been given the nickname "Nessie." Many years ago, a man claimed to have seen the monster. It had a little head, a long neck, and a huge body and tail. Since then, other people visiting the lake have said that they, too, have seen Nessie. They all describe a similar creature. Some people have taken pictures of what they saw. But there is no way to know if the pictures are real. Scientists have spent weeks on the lake with special equipment. They sent out sonar, or sound waves, that would hit against anything in the water. The waves would come back to the boat. This would show the scientists where the monster was. The scientists tried to find Nessie. But the lake is very deep and dark. There was no sign of any monster.

People still say they have seen this strange monster of the lake. Some people believe that Nessie really does exist. Others believe that people only think they see a monster. They think the pictures are fake. We may never know if Nessie is really there. Loch Ness may keep its secrets forever!

Monster Mystery
Bilingual: Reading Grade 3, SV 9781419099793

Name _____ Date _____

●●●▶ **Read each sentence. Choose a word from the Word List that has the same meaning as the word or words in bold print. Write the word on the line.**

Word List

actually	sonar	claimed	serpent
creature	existed	similar	nickname

1. This story is about a **living being** in a lake. _____

2. People have given the monster the **pet name** "Nessie." _____

3. Some people think it has **been there** for many years. _____

4. Nessie has been described as a huge **snake-like animal**. _____

5. Most people have **alike** descriptions of the monster. _____

6. Over the years, many people have **said that it was true** that they

   have seen Nessie. _____

7. Scientists went to the lake with **sound**

   wave equipment. _____

8. There is no way to know if Nessie is **in fact** in

   the lake. _____

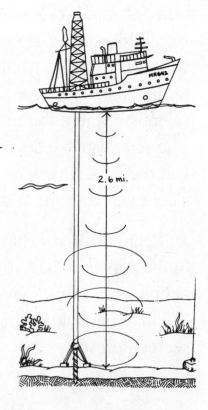

2.6 mi.

El misterio del monstruo

¿Qué tal si una enorme serpiente viviera en un lago profundo? ¿Qué tal si hubiera estado ahí durante muchos años? ¿Qué tal si muchas personas hubieran visto a esta criatura, hasta le hubieran tomado fotos, sin embargo, nadie supiera realmente si existía de verdad?

Bueno, ese es el caso hoy, con uno de los misterios del mundo. El lago se llama Loch Ness y está en Escocia. El supuesto monstruo es conocido como el Monstruo de Loch Ness. Se le ha dado el apodo de "Nessie". Hace muchos años, un hombre afirmó haber visto al monstruo. Tenía una pequeña cabeza, un cuello largo y un enorme cuerpo y cola. Desde entonces, otras personas que han visitado el lago han dicho que ellos también han visto a Nessie. La criatura que todos ellos describen es muy similar. Algunas personas han tomado fotos de lo que vieron. Pero no hay forma de comprobar si las fotos son reales. Los científicos se han pasado semanas en el lago con un equipo especial. Ellos han mandado sonar u ondas sonoras que chocarían con cualquier cosa que estuviera en el agua. Al chocar las ondas regresarían a la lancha. Esto  les indicaría a los científicos dónde estaba el monstruo. Los científicos trataron de encontrar a Nessie. Pero el lago es muy profundo y muy oscuro. No encontraron ninguna señal de que hubiera un monstruo.

La gente todavía sigue diciendo que ha visto a este extraño monstruo del lago. Mucha gente cree que Nessie existe en realidad. Otros piensan que sólo son ideas de la gente. Ellos piensan que las fotos son falsas. Quizá nosotros nunca sabremos si Nessie está realmente allá. ¡Tal vez Loch Ness guardará sus secretos por siempre!

Nombre _____ Fecha _____

●●●▶ **Lee cada oración. Escoge la palabra o palabras de la Lista de palabras que tengan el mismo significado que la palabra o palabras en letra negra. Escríbelas en la línea.**

Lista de palabras

realmente	sonar	afirmó	una serpiente
existió	similar	apodo	una criatura

1. Esta historia es acerca de **un ser con vida** en un lago.

   _____

2. La gente le ha puesto al monstruo "Nessie" como **nombre de mascota**.

   _____

3. Algunas personas piensan que **estuvo ahí** durante muchos años.

   _____

4. Nessie ha sido descrita como **un animal parecido a una víbora**.

   _____

5. La mayoría de las personas tienen una descripción

   muy **parecida** del monstruo. _____

6. Durante años, mucha gente **ha dicho que era verdad** que ellos han visto a Nessie.

   _____

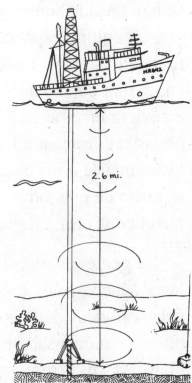

7. Los científicos fueron al lago con **equipo de**

   ondas sonoras. _____

8. No hay forma de saber si Nessie está **en realidad**

   en el lago. _____

El misterio del monstruo
Bilingual: Reading Grade 3, SV 9781419099793

Helping Each Other

Once an ant was crawling lazily down a country path. As the path curved near a stream, the ant realized he was thirsty. The rushing water looked so cool and clear that the ant could hardly wait to take a sip. Suddenly a gust of wind blew the poor ant right into the stream.

"Help! Someone, help! I cannot swim!" he yelled.

Up in a tree not far away, a dove heard the ant's cry for help. She reached up and with her bill plucked a small branch off the tree. In a flash she flew down to where the ant was struggling to stay above water. Carefully she lowered the branch to the water's surface near the ant.

"If you can climb onto the branch, I will carry you to safety," cooed the dove.

The ant gratefully climbed onto the branch. Then the dove lifted the branch from the water and placed it safely on the grassy bank. The ant shook water from his eyes, took a few deep breaths, and looked around to thank the dove. But the dove had flown to the top of a nearby tree.

With a wave of thanks toward the dove, the ant started back down the path. He had only gone a short distance when he noticed a hunter aiming a rifle at the helpful dove.

"This will not do!" exclaimed the ant. He hurried as fast as he could toward the hunter. The angry ant climbed with great purpose over the hunter's large brown shoe and made his way under the hunter's pants leg. Just in time, the ant took a healthy bite from the hunter's ankle. The hunter let out a loud howl of pain. The noise startled the dove, and she few from her treetop perch to safety.

Name _____ Date _____

●●● ▶ **Circle the letter next to the best answer.**

1. What did the dove use to save the ant?
   A a boat
   B a branch
   C her wing
   D a leaf

2. What caused the dove to fly to safety?
   A a rifle shot
   B the ant's scream
   C the hunter's howl
   D a snapping branch

3. According to the story, the ant got a drink of water from a—
   A puddle of water in the road.
   B drop of rain on a leaf.
   C branch.
   D stream.

4. You can tell this story is make-believe because—
   A it has a hunter in it.
   B animals talk in it.
   C an ant climbs onto a branch.
   D a dove flies to a treetop.

5. This story was most likely written to—
   A teach the reader about ants.
   B show how ants can survive in water.
   C discourage people from hunting.
   D teach a lesson about helping others.

Ayuda mutua

Una vez una hormiga iba arrastrándose perezosamente por un camino en el campo. Cuando el camino hizo una curva por el arroyo, la hormiga se dio cuenta que tenía sed. El agua que corría se veía tan fresca y transparente que la hormiga ya no se aguantaba las ganas de probarla. De pronto, una ráfaga de viento aventó a la pobre hormiga justo dentro del arroyo.

—¡Auxilio! ¡Alguien ayúdeme! ¡Yo no sé nadar! —gritaba la hormiga.

No lejos de ahí, arriba de un árbol, una paloma escuchó el grito de auxilio de la hormiga. Ella alcanzó una pequeña varita con su pico y la arrancó. Ella voló como un rayo hasta donde estaba la hormiga que luchaba por mantenerse arriba del agua. Con mucho cuidado ella bajó la ramita hasta la superficie del agua cerca de la hormiga.

—Si tú puedes subirte a la ramita, yo te llevaré a un lugar seguro —gorgoreó la paloma.

La hormiga muy agradecida se subió a la ramita. Entonces la paloma levantó la ramita del agua y la puso a salvo en la hierba, a la orilla del arroyo. La hormiga se sacudió el agua de sus ojos, respiró profundamente varias veces y volteó para agradecer a la paloma. Pero la paloma ya había volado hasta arriba de un árbol que estaba cerca.

Haciendo señas de agradecimiento hacia la paloma, la hormiga regresó al camino. Ella sólo había caminado una corta distancia cuando notó que un cazador estaba apuntando hacia la amable paloma.

—¡Esto no lo voy a permitir! —exclamó la hormiga. Se fue lo más rápido que pudo hacia el cazador. La hormiga muy enojada se subió con un firme propósito al enorme zapato café del cazador y se fue metiendo hasta llegar a la pierna del cazador. Justo a tiempo, la hormiga le dio una buena mordida al tobillo del cazador. Él dio un fuerte alarido de dolor. El ruido sobresaltó a la paloma y ella voló desde la punta del árbol a un lugar seguro.

Nombre _____   Fecha _____

●●●▶ **Encierra en un círculo la letra junto a la mejor respuesta.**

1. ¿Qué usó la paloma para salvar a la hormiga?
   A un bote
   B una varita
   C su ala
   D una hoja

2. ¿Qué hizo que la paloma volara a un lugar seguro?
   A el disparo de un rifle
   B el grito de la hormiga
   C el alarido del cazador
   D una ramita que se rompió

3. De acuerdo a la historia, la hormiga bebió agua de—
   A un charco de agua en el camino.
   B una gota de lluvia sobre una hoja.
   C una ramita.
   D un arroyo.

4. Tú puedes decir que esta historia no es real porque—
   A hay un cazador en ella.
   B los animales hablan.
   C una hormiga se sube a una ramita.
   D una paloma vuela a la punta del árbol.

5. Probablemente esta historia se escribió para—
   A enseñarle al lector acerca de las hormigas.
   B mostrar cómo las hormigas pueden sobrevivir en el agua.
   C desanimar a la gente para que no practique la caza.
   D enseñar una lección acerca de ayudar a los demás.

Ayuda mutua
Bilingual: Reading Grade 3, SV 9781419099793

Name _____ Date _____

Spaghetti with Meat Sauce

Here's a recipe that is a favorite with many families.

You will need:

1 pound hamburger meat	2 cloves garlic, minced
2 cans tomato sauce	$\frac{1}{2}$ teaspoon basil
$\frac{1}{4}$ cup oil	$\frac{1}{2}$ teaspoon oregano
$\frac{1}{2}$ onion, chopped	1 package of spaghetti

In a large pan, heat the oil and brown the onions and garlic. Add the hamburger meat. Stir over a medium heat until the meat is browned. Add the tomato sauce, basil, and oregano. Simmer the sauce over a low heat for 25 to 30 minutes. While the sauce is simmering, boil water in a large pot. Add the spaghetti and cook for 7 to 10 minutes. Stir frequently. Drain the spaghetti. Serve hot spaghetti with the sauce. Enjoy a terrific meal!

●●●▶ **Circle the letter next to the best answer.**

1. How should you prepare the onion for cooking?
   A Stir it.
   B Simmer it.
   C Chop it.
   D Boil it.

2. Why is the sauce made before cooking the spaghetti?
   A The sauce is served first.
   B The sauce needs time to cook.
   C It takes more time to cook the spaghetti.
   D Most people like the sauce better.

3. When making spaghetti with meat sauce, the first step is to—
   A boil water.
   B cook the hamburger.
   C add the tomato sauce.
   D heat the oil.

4. This recipe tells you to do all the following EXCEPT—
   A add basil and oregano.
   B add sliced mushrooms.
   C add chopped onions.
   D add two cans of tomato sauce.

Espagueti con salsa de carne

Esta es una receta que es una gran favorita de muchas familias.

Usted va a necesitar:

1 libra de carne de res molida	2 dientes de ajo picado finito
2 latas de puré de tomate	$\frac{1}{2}$ cucharadita de albahaca
$\frac{1}{4}$ de taza de aceite	$\frac{1}{2}$ cucharadita de orégano
$\frac{1}{2}$ cebolla picada	1 paquete de espagueti

Caliente el aceite en un sartén grande y dore las cebollas y el ajo.
Añada la carne molida. Mueva a fuego mediano hasta que se dore la
carne. Añada el puré de tomate, la albahaca y el orégano. Ponga a
cocer a fuego lento de 25 a 30 minutos. Mientras que la salsa se está
cociendo, en una olla grande ponga a hervir agua. Añada el espagueti
y déjelo cocer de 7 a 10 minutos. Muévalo frecuentemente.
Cuele el espagueti y deje escurrir el agua. Sirva el espagueti
caliente con la salsa. ¡Disfrute de una comida estupenda!

●●◗ **Encierra en un círculo la letra junto a la mejor respuesta.**

1. ¿Cómo debes preparar la cebolla para guisarla?
  A Moviéndola.
  B Cociéndola.
  C Picándola.
  D Hirviéndola.

2. ¿Por qué se hace la salsa antes de cocinar el espagueti?
  A La salsa se sirve primero.
  B La salsa necesita tiempo para cocinarse.
  C Toma más tiempo cocinar el espagueti.
  D A la mayoría de las personas les gusta más la salsa.

3. Cuando estés haciendo espagueti con salsa de carne, el primer paso es—
  A hervir el agua.
  B cocinar la carne molida.
  C añadir el puré de tomate.
  D calentar el aceite.

4. Esta receta te dice que hagas lo siguiente, EXCEPTO—
  A añadir albahaca y orégano.
  B añadir champiñones rebanados.
  C añadir cebolla picada.
  D añadir dos latas de puré de tomate.

Find the Hidden Picture

●●◗ **Find the words in the puzzle that match the word meanings. Color those spaces green. A picture will appear!**

Word Meanings

once in a while	different
wild and dangerous	unhappiness
to find out about something	to put into groups
to take without asking	hunger
to value highly	funny

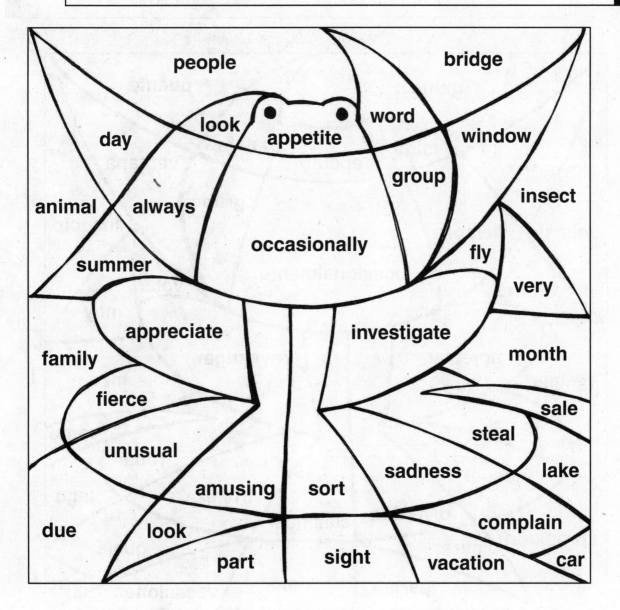

people · bridge · look · word · appetite · day · window · group · animal · always · insect · occasionally · fly · very · summer · appreciate · investigate · month · family · fierce · sale · steal · unusual · sadness · lake · amusing · sort · due · look · complain · part · sight · vacation · car

Encuentra el dibujo escondido

●●●▶ **Encuentra las palabras en el rompecabezas que sean la pareja de las palabras en Significados de las palabras. Colorea esos espacios de verde. ¡Aparecerá un dibujo!**

Significado de palabras

de vez en cuando	diferente
salvaje y peligroso	infelicidad
buscar acerca de algo	poner en grupos
tomar sin pedir	hambre
valorar mucho	gracioso

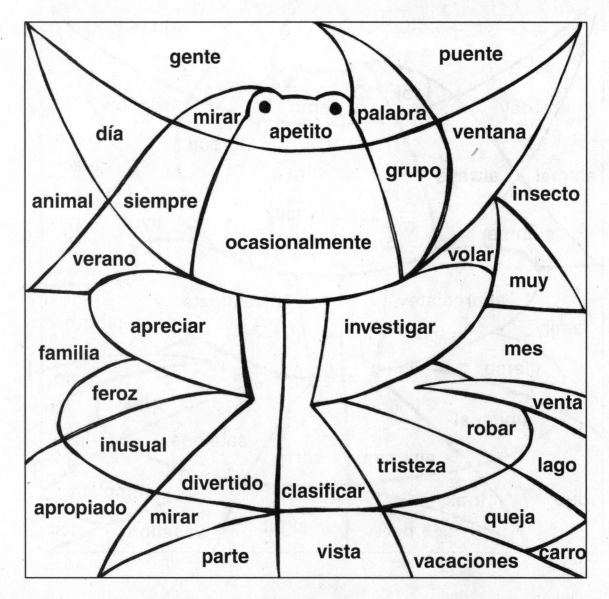

Bilingual: Reading Grade 3, SV 9781419099793

Detective Work

Morse code uses dots and dashes to send messages. The dots and dashes represent letters of the alphabet.

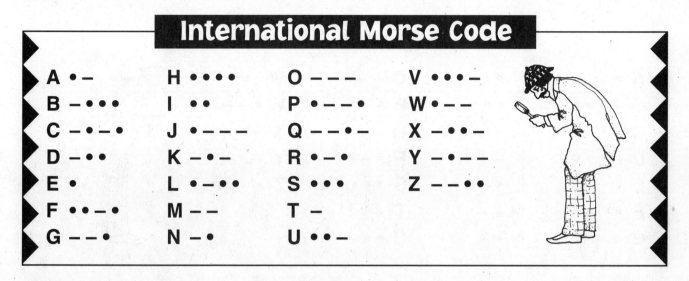

International Morse Code

A •–	H ••••	O –––	V •••–
B –•••	I ••	P •––•	W •––
C –•–•	J •–––	Q ––•–	X –••–
D –••	K –•–	R •–•	Y –•––
E •	L •–••	S •••	Z ––••
F ••–•	M ––	T –	
G ––•	N –•	U ••–	

●●◆ **Be a detective. Write the secret message. The first letter of the message is done for you.**

I

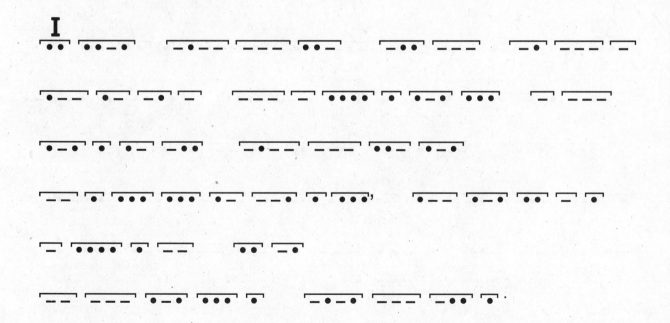

Bilingual: Reading Grade 3, SV 9781419099793

Trabajo de detective

El código Morse usa puntos y rayas para mandar mensajes. Los puntos y las rayas representan las letras del alfabeto.

Código Internacional Morse

A •—	H ••••	O ———	V •••—
B —•••	I ••	P •——•	W •——
C —•—•	J •———	Q ——•—	X —••—
D —••	K —•—	R •—•	Y —•——
E •	L •—••	S •••	Z ——••
F ••—•	M ——	T —	
G ——•	N —•	U ••—	

Sé un detective. Escribe el mensaje secreto. La primera letra del mensaje ya está hecha para ti.

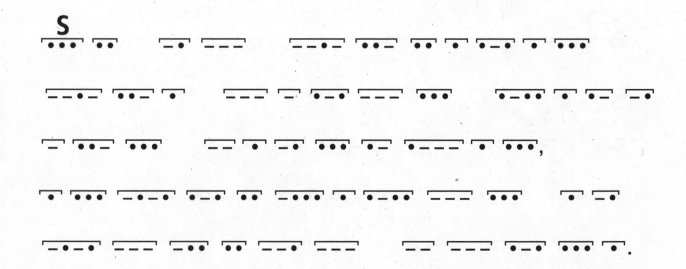

Ready, Set, Go!

●●●▶ **Each player places a button on Start. Players take turns flipping a coin, moving one space for heads or two for tails. Player reads the two words on the space aloud. If the words are opposites, the player may flip the coin and move again. The first player to reach the end wins!**

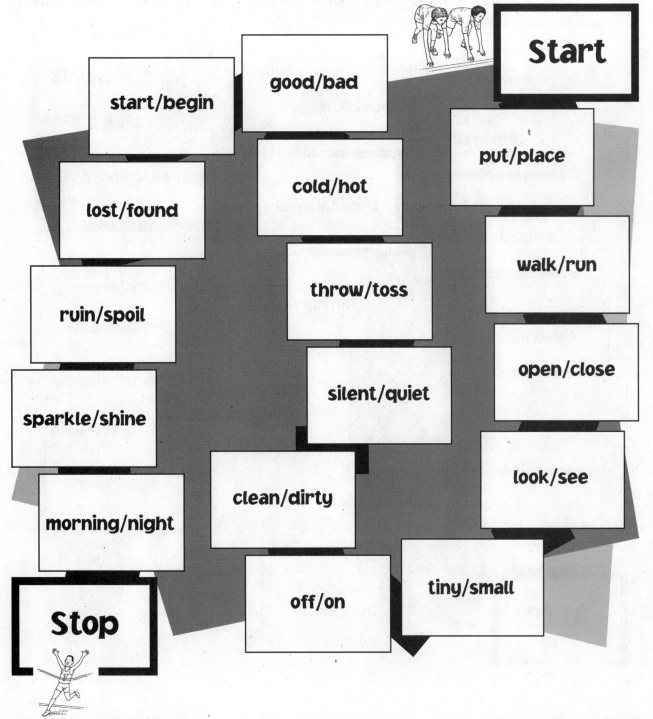

Start

start/begin

good/bad

put/place

lost/found

cold/hot

walk/run

ruin/spoil

throw/toss

open/close

silent/quiet

sparkle/shine

look/see

clean/dirty

morning/night

tiny/small

off/on

Stop

Bilingual: Reading Grade 3, SV 9781419099793

¡En sus marcas, listos, fuera!

●●●▶ Cada jugador coloca un botón en donde dice "Salida". Los jugadores toman turnos echando una moneda al aire y avanzan un espacio si sale cabeza y dos si sale cruz. El jugador lee en voz alta las dos palabras que están en el espacio. Si las palabras son opuestas, el jugador puede echar la moneda otra vez. ¡El primer jugador que llegue al Alto gana!

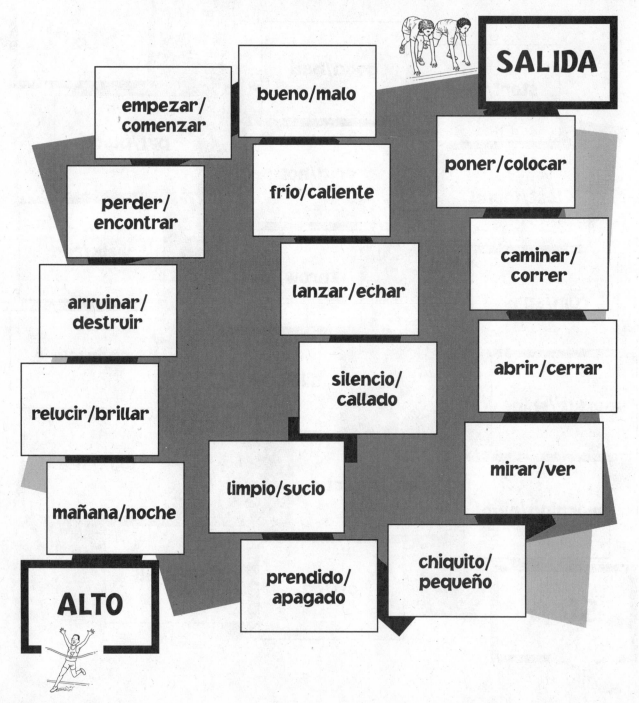

SALIDA

empezar/comenzar

bueno/malo

poner/colocar

perder/encontrar

frío/caliente

caminar/correr

arruinar/destruir

lanzar/echar

abrir/cerrar

relucir/brillar

silencio/callado

mirar/ver

mañana/noche

limpio/sucio

prendido/apagado

chiquito/pequeño

ALTO

www.harcourtschoolsupply.com

90

¡En sus marcas, listos, fuera!
Bilingual: Reading Grade 3, SV 9781419099793

Fun with Homophones!

Homophones are words that sound alike. They are spelled differently and have different meanings.

●●●▶ **Cut out the 24 homophone cards shown. Place each of the 24 cards facedown on a table. Players take turns picking two cards. If the words on the cards are homophones, players put them aside. Players continue taking turns picking cards until all the cards are gone. The player with the most cards wins.**

right	write	red	read
wood	would	pear	pair
hear	here	tail	tale
flour	flower	our	hour
road	rode	not	knot
no	know	way	weigh

Fun with Homophones!
Bilingual: Reading Grade 3, SV 9781419099793

Fun with Homophones!

Copying instructions: copy this page onto the back of p. 91.

Fun with Homophones!
Bilingual: Reading Grade 3, SV 9781419099793

¡Diversión con los homófonos!

Los homófonos son palabras que suenan igual. Se escriben diferente y tienen diferente significado.

●●●▶ **Recorta las 24 tarjetas con los homófonos. Coloca en una mesa cada una de las 24 tarjetas boca abajo. Los jugadores toman turnos para levantar dos tarjetas a la vez. Si las palabras en las tarjetas son homófonos, los jugadores las ponen a un lado. Los jugadores siguen tomando turnos hasta que se acaben las tarjetas. El jugador que tenga el mayor número de tarjetas gana.**

ciento	siento	solo	sólo
asar	azar	hasta	asta
cocer	coser	olla	hoya
serrar	cerrar	has	haz
cesión	sesión	Asia	hacia
si	sí	hora	ora

¡Diversión con los homófonos!

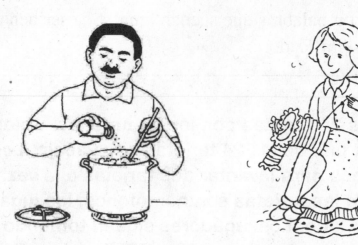

Instrucciones para duplicar: Haz una copia de esta página en el dorso de la página 93.

¡Diversión con los homófonos!
Bilingual: Reading Grade 3, SV 9781419099793

Answer Key

Page 4
Sentences using the following words:
1. informed
2. project
3. scarcely
4. prepared
5. endless
6. bursting
7. bruising
8. prevent

Page 6
Las oraciones usan las siguientes palabras:
1. informó
2. proyecto
3. apenas
4. preparamos
5. interminable
6. repletas
7. dañaran
8. evitar

Page 8
1. classmates
2. curiously
3. season
4. describe
5. forms
6. sleet
7. eagerly
8. suggestions

Page 10
1. sus compañeros de clase
2. con curiosidad
3. estación
4. describir
5. formas
6. aguanieve
7. con entusiasmo
8. sugerencias

Page 12
ACROSS
4. temperature
6. seasons
7. brilliant
8. habits
DOWN
1. extreme
2. humid
3. equator
4. lengths

Page 14
HORIZONTAL
1. húmedo
5. temperatura
6. hábitos
7. ecuador
8. extremos
VERTICAL
2. estaciones
3. tiempo
4. brillantes

Pages 16 and 18
1. B
2. A
3. D
4. A
5. B

Page 20
Sentences using the following words:
1. longingly
2. pleasant
3. reflecting
4. urge
5. opportunity
6. appetite
7. precious
8. freedom

Page 22
Las oraciones usan las siguientes palabras:
1. ansia
2. agradable
3. reflejarse
4. ganas
5. oportunidad
6. apetito
7. valiosa
8. libertad

Page 24
ACROSS
3. female
7. separated
8. protect
DOWN
1. male
2. solved
4. advertise
5. shelter
6. hutch

Page 26
HORIZONTAL
1. hembra
4. macho
6. separaba
7. conejera
8. albergue
VERTICAL
2. anunciar
3. resolvió
5. proteger

Pages 28 and 30
1. B
2. B
3. C
4. D
5. A

Page 32
Sentences using the following words:
1. nursery
2. haunted
3. concerned
4. explanation
5. nervous
6. annoying
7. ruin
8. investigation

Page 34
Las oraciones usan las siguientes palabras:
1. la guardería
2. embrujado
3. preocupes
4. explicación
5. nerviosa
6. fastidioso
7. arruinar
8. la investigación

Pages 36 and 38
1. C
2. B
3. A
4. C
5. B

Page 40
1. disaster
2. straighten
3. fortune
4. frantically
5. hopeless
6. item
7. bureau
8. dainty

Page 42
1. desastre
2. ordenara
3. buena suerte
4. desesperadamente
5. imposible
6. objeto
7. buró
8. fino

Pages 44 and 46
1. A
2. C
3. D
4. A
5. C

Page 48
Sentences using the following words:
1. rely
2. injuries
3. wheelchairs
4. environments
5. positive
6. influence
7. doubt

Page 50
Las oraciones usan las siguientes palabras:
1. dependen de
2. lesiones
3. sillas de ruedas
4. el medio ambiente
5. positivo
6. influir
7. hay duda

Page 52
1. mammals
2. extended
3. huddle
4. portion
5. colony
6. spectacular
7. swarms
8. attraction

Bilingual: Reading Grade 3, SV 9781419099793

Page 54
1. mamíferos
2. extendidos
3. se acurrucan
4. porción
5. colonia
6. espectacular
7. en enjambres
8. una atracción

Page 56
1. characteristics
2. compare
3. skeleton
4. insect
5. category
6. head
7. thorax
8. abdomen

Page 58
1. características
2. comparar
3. esqueleto
4. insecto
5. categoría
6. cabeza
7. tórax
8. abdomen

Page 60
ACROSS
3. instincts
5. millions
6. provide
DOWN
1. knowledge
2. habits
4. common

Page 62
HORIZONTAL
4. hábitos
6. proporcionas
VERTICAL
1. conocieras
2. instintos
3. millones
5. común

Page 64
Sentences using the following words:
1. occasionally
2. bluff
3. lens
4. wrecked
5. experience
6. anchor

7. evil
8. ledges

Page 66
Las oraciones usan las siguientes palabras:
1. ocasionalmente
2. peñasco
3. lente
4. naufragado
5. experiencia
6. ancla
7. malvado
8. los riscos

Pages 68 and 70
1. C
2. B
3. D
4. C
5. A

Page 72
ACROSS
3. immediately
4. canoeing
7. circling
8. area
DOWN
1. hiking
2. discovered
5. secure
6. exclaimed

Page 74
HORIZONTAL
5. canoa
6. alrededor
7. exclamó
8. excursión
VERTICAL
1. inmediatamente
2. descubrió
3. área
4. segura

Page 76
1. creature
2. nickname
3. existed
4. serpent
5. similar
6. claimed
7. sonar
8. actually

Page 78
1. una criatura
2. apodo
3. existió

4. una serpiente
5. similar
6. afirmó
7. sonar
8. realmente

Pages 80 and 82
1. B
2. C
3. D
4. B
5. D

Pages 83 and 84
1. C
2. B
3. D
4. B

Page 85
Hidden picture is a frog sitting on a lily pad. Words on picture pieces that should be colored: *occasionally, sort, amusing, fierce, unusual, investigate, steal, appreciate, appetite, sadness*

Page 86
El dibujo escondido es una rana sentada en un lirio. Las palabras que se deben colorear son: *ocasionalmente, clasificar, divertido, feroz, inusual, investigar, robar, apreciar, apetito, tristeza.*

Page 87
Message: If you do not want others to read your messages, write them in Morse code.

Page 88
Mensaje: Si no quieres que otros lean tus mensajes, escríbelos en código Morse.

Page 89
Opposites: *walk/run, open/close, off/on, clean/dirty, cold/hot, good/bad, lost/found, morning/night*

Page 90
Opuestos: *caminar/correr, abrir/cerrar, prendido/apagado, limpio/sucio, frío/caliente, bueno/malo, perder/encontrar, mañana/noche*

Page 91
Homophone pairs: *right/write, red/read, wood/would, pear/pair, here/hear, tail/tale, flour/flower, our/hour, road/rode, not/knot, no/know, way/weigh*

Page 93
Pares de homófonos: *ciento/siento, solo/sólo, asar/azar, hasta/asta, cocer/coser, olla/hoya, serrar/cerrar, has/haz, cesión/sesión, Asia/hacia, si/sí, hora/ora*

Bilingual: Reading Grade 3, SV 9781419099793